KB272424

나르시시스트를 사랑한
소피의
심리학 모험

나르시시스트를 사랑한
소피의 심리학 모험

지은이 허경희
초판 1쇄 발행 2026년 4월 22일
펴낸이 허경희
펴낸곳 인문산책

주소 서울시 은평구 연서로 3가길 15-15, 202호(역촌동)
전화번호 02-383-9790
팩스번호 02-383-9791
전자우편 inmunwalk@naver.com
인스타 @inmunwalk
출판등록 2009년 9월 1일

ISBN 978-89-98259-51-8 03180

'하울의 움직이는 성'으로 떠나는 마음여행

허경희 지음

인문산책

차례

4. 환상을 깨고 나온 권력

5. 마음은 무거운 거야

6. 인생의 회전목마를 타고

자기만의 시선으로 자신의 서사를 쓸 수 있기를

20여 년이나 지난 〈하울의 움직이는 성〉을 이제야 마주했다. 소녀에서 노파로 변해버린 소피의 모습 위로, 그동안 내 안에 쌓아두고 청소하지 못한 오래된 감정의 먼지들이 밀려왔다. 누군가를 치유한다는 것이 얼마나 오만한지에 대하여 알게 되니 나를 치유하는 시간이 된 것 같다. 내 안의 무의식을 깨어 의식하려는 과정에서 심리학의 도움을 받아 그 얕은 지식을 활용했지만, 메시지는 분명하다. 심장을 지키라는 것, 마음을 지키라는 것이다.

원작에서는 하울의 마법에 주목해서 사랑의 구원 서사로 감동을 주었다면, 이 책에서는 하울이 욕망을 선택한 대가로 심장을 잃은 설정에 대해 주목했다. 그것은 블랙홀에 빠진 소피의 심리학적 궤적에 공감하게 된 이유이기도 했다. 결국 구원 서사의 환상을 해체하는 과정에서 자기 이미지에 집착하는 하울을 소환하여 그 이면에 도사린 나르시시즘적 세계를 보여줌으로써 나르시시즘과 사랑, 환상과 깨달음 사이의 모호한 경계를 순수하게 탐구하고 싶었다.

소피의 마음을 사로잡은 하울은 정말로 구원자일까? 여성은 왜 그토록 구원자 환상에 쉽게 매혹되는가? 누군가의 성 앞에서 구원을 기다리는 수많은 소피에게 말해주고 싶다. 소피의 저주를 풀 수 있는 유일한 열쇠는 하울의 마법에 의존하는 것이 아니라 자기만의 시선을 되찾아 자신의 서사를 만드는 것이라고. 그 서사가 일어나는 곳이 바로 마음(심장)이기에 그 마음을 지키기 위해 심장이 없는 하울의 그림자를 직시하는 것이 필요했다. 그것은 하울의 나르시시즘적 성향을 마주한 소피가 환상의 거울을 깨고 자신의 시선을 되찾아 진짜 자신과 마주하게 되는 심리학 모험의 시작이었다.

'하울의 움직이는 성' 시놉시스

아버지가 물려준 모자 가게 골방에서 모자를 만들면서 평범한 나날을 보내고 있는 조용한 성격의 소녀 소피. 어느 날 영업을 마치고 동생 레타를 만나러 가는 도중 병사들에게 희롱당할 뻔한 위기의 순간에 우연히 나타난 마법사 하울이 소피를 구해준다. 그리고 검은 고무 인간들에게 쫓기게 되자 하울은 소피를 데리고 하늘을 날아 무사히 목적지까지 데려다준다. 소피는 신비한 마법에 놀라며 부지불식간에 하울의 매력에 빠지게 되고, 이 짧은 만남은 소피의 인생을 완전히 바꿔놓는다.

그날 밤, 황야의 마녀가 소피의 가게에 느닷없이 찾아온다. 영업이 끝났으니 나가 달라는 소피의 말투가 무례하다는 이유로 황야의 마녀는 단숨에 마법의 저주를 걸어 소피의 모습을 등이 굽고 늙은 노파로 변화시킨다. 가족에게 늙게 변해버린 자신의 모습을 보이고 싶지 않은 소피는 마법의 저주를 풀기 위해 향해 길을 떠난다.

황야를 걷던 중 순무 허수아비를 구해주게 되고, 그 보답으로 순무 허수아비는 거대한 기계처럼 생긴 움직이는 성으로 소피를 안내한다. 바로 마법사 하울이 살고 있는 성이다. 성 안에는 불의 악마 캘시퍼, 하울의 제자 마이클이 함께 살고 있었다. 움직이는 성의 동력을 담당하고 있는 캘시퍼는 소피를 보자 자신과 하울이 맺은 계약의 비밀을 풀고 자기를 자유롭게 해주는 조건으로 소피를 허락한다. 하울이 성에 돌아오자 소피는 새로 온 청소부로 자신을 소개하고 성에 머물게 된다. 그날부터 노파 소피는 더러운 성을 청소하며 지내다가 하울과 캘시퍼의 운명적 관계에 얽히게 된다.

마법과 전쟁이 공존하는 시대에 살고 있는 하울은 자유롭고 아름다운 마법사지만, 한편으로는 왕실의 소환을 피하고 전쟁에 휘말리기를 거부하는 인물이다. 한편 황야의 마녀는 집착적으로 하울을 쫓고 있는 존재로 하울의 심장을 노리고 있고, 하울은 그런 그녀를 두려워해서 피한다.

 그 무렵 이웃나라와 전쟁이 일어나자 국왕은 마녀와 마법사들을 불러모은다. 왕실에서는 왕실 마법사 설리먼이 전쟁을 지휘하고 있으며, 그녀는 제자였던 유능한 마법사 하울을 전쟁에 이용하려 한다. 소환장을 받은 하울은 자신이 겁쟁이라는 핑계를 대며 소피를 어머니로 꾸며 궁으로 보낸다. 궁으로 가는 길에 소피는 황야의 마녀와 다시 마주치게 된다. 그런데 마녀는 설리먼의 함정에 빠져 젊어지는 마법을 빼앗기고 순식간에 무력한 노파로 변해버린다. 설리먼은 소피에게도 전쟁에 협력하지 않으면 하울의 마법도 빼앗겠다고 협박하지만, 소피는 하울을 옹호하며 설리먼의 요구를 거절한다. 그때 뒤늦게 소피가 걱정되어 국왕으로 변신해서 나타난 하울이 설리먼 앞에 섰다가 정체가 들통나 위기에 처하자, 소피와 함께 설리먼의 마법을 피해 궁을 빠져나온다. 이때 황야의 마녀와 설리먼의 시종 개 힌까지 따라오면서 움직이는 성에는 가족이 늘어난다. 하울은 설리먼으로부터 숨기 위해 성을 마법으로 바꾸어 소피가 지냈던 예전 집으로 변화시켜 이동한다.

한편 하울은 전쟁을 피하고 사람들을 지키려 애쓰지만, 점점 더 위험한 마법을 사용하게 되면서 몸과 마음이 병들어간다. 소피는 하울이 밤마다 새처럼 변신하고 마법에 점점 잠식당하는 것을 목격한다. 전쟁을 겪으면서 두 사람은 서로 의지하게 되지만, 하울은 소피를 위험에 끌어들이고 싶지 않다는 이유로 일부러 거리를 둔다. 결국 하울은 소피를 지키겠다며 마침내 전쟁에 나서고, 설리먼은 소피의 어머니를 이용해 성이 있는 위치를 알아내어 군대를 보내 습격하게 한다. 소피는 하울을 구해야 한다며 난로에서 캘시퍼를 꺼내어 성을 붕괴시키는 결단을 내린다.

하울을 구하러 가기 위해 소피는 캘시퍼가 힘을 내는 데 필요한 머리카락을 주게 되는데, 이때 황야의 마녀는 캘시퍼가 하울의 심장을 품고 있음을 알아보고 캘시퍼를 움켜쥔다. 이에 소피는 엉겁결에 물을 끼얹어버리고, 캘시퍼는 순식간에 마력을 잃게 된다. 그 결과 성은 무너져 부서지고, 소피는 휜과 함께 협곡 아래로 떨어진다. 모든 것이 엉망이 되자 소피는 자신을 탓하며 눈물을 흘리는데, 그때 하울이 준 반지가 빛을 내며 문이 나타난다. 이 문은 하울의 어린 시절로 통하는 길이었다. 조심스럽게 휜과 함께 그 어둠의 문을 통과한 소피는 어릴 적 하울이 별똥별로 떨어진 캘시퍼를 만나 심장을 내어주고 계약하는 광경을 목격하게 된다. 이 계약으로 하울은 마법의 힘과 생명력을 얻었지만, 동시에 심장을 잃고 인간성이 점점 상실되어 가고 있었다. 하울과 캘시퍼가 맺은 마법의 저주를 목격한 소피는 "반드시 만나러 갈 테니 미래에서 기다려. 나는 소피야"라는 말을 외치면서 현재로 되돌아온다.

소피를 기다렸기라도 했듯이 어둠의 문 앞에 상처입은 하울이 쓰러져 있는 것을 보자 소피는 하울을 안으며 말한다. 하울이 괴물이든 그 어떤 것이든 상관없이 사랑한다며, 하울의 저주를 풀어주려고 한다. 거대한 새로 변신해 있는 하울에게 부탁하여 소피는 황야의 마녀와 마이클과 허수아비가 있는 부서진 난파선으로 돌아온다. 그 순간 소피와 흰을 내려주고 하울은 의식불명이 되어 쓰러져버린다. 소피는 황야의 마녀를 설득해서 그녀가 움켜쥐고 있는 캘시퍼를 돌려받아 하울의 몸에 집어넣어준다. 그러자 마법의 저주가 풀리면서 캘시퍼는 자유로운 별이 되어 날아가고, 하울은 정신이 깨어난다.

캘시퍼가 성을 떠나자마자 성이 무너져 추락할 뻔

할 때 순무 허수아비가 모두를 구해주었는데, 소피가 이에 감사의 키스를 하자 순무 허수아비도 마법이 풀려 이웃나라 왕자의 모습으로 돌아온다. 왕자는 조국으로 돌아가 전쟁을 멈추겠다고 말하고, 휜을 통해 적국의 왕자가 돌아온 것을 확인한 설리먼 또한 전쟁을 끝내겠다고 결심한다. 곧 모두에게 정이 든 캘시퍼가 되돌아온다. 소피와 하울, 그리고 모험을 함께했던 모두가 새로 만들어진 움직이는 성을 타고 하늘로 날아간다. 어느 순간 백발의 소녀가 된 소피는 하울과 함께 새로운 성에서 새로운 삶을 시작한다. 이제 움직이는 성은 더 이상 도피의 공간이 아니라 서로 사랑하며 살아가는 집이 되면서 영화는 막을 내린다.

너를 기다려 온 게 아니야.

소피, 하울은 스스로 감정을 만들어내지 못해.
아름다운 너의 영혼을 탐내고 있을 뿐이야.
너의 감정을 이용해 자신의 서사를 쓰려는 것일 뿐
너를 기다려 온 게 아니야.

1
불안한
내면과 연결된
하울의 성

깊이를 잴 수 없는 마음

영화 〈사도〉에서 왕비를 간택하는 장면이 나온다. 명문 집안의 출중한 여성 3인 중 한 명을 간택할 때 영조는 결정적 질문을 던진다.

"세상에서 가장 깊은 것이 무엇이더냐?"

산이 깊다는 이, 물이 깊다는 이가 있었으나, 영조를 흡족시키지는 못했다. 훗날 영조의 왕비가 되는 정순왕후는 그 자리에서 이렇게 말한다.

"사람의 마음이 가장 깊습니다. 사물은 그 깊이

를 잴 수 있으나, 사람의 마음은 끝을 알 수 없기 때문입니다.”

영조는 이 말을 기특하게 여겼다. 무려 51세의 나이 차이에도 불구하고 선택한 여인, 바로 정순왕후다. 영조 사후에 정조와 대립각을 세우면서 역사적 갈등 관계로 엮인 여성이었다.

“아직 너를 너를 그리워해. 여전히 너는 내 마음 깊은 곳에….”

김나영 가수는 ‘봄 내음보다 너를’이라는 곡에서 자신이 키우던 반려견을 떠나 보낸 슬픔을 노래로 불렀다. 말 못하는 짐승이 어떻게 위로가 될까? 때때로 위로는 백 마디 말보다 곁에 있어주는 것만으로도 충분하다고 노래한다. 반려견의 죽음을 마음 깊은 곳에 묻어야 하는 슬픔은 결국 살아 있는 모든 생명체에 대한 슬픔으로 확대되어 이 노래는 많은 이들의 공감을 받았다.

우리는 흔히 마음이 슬프다, 마음이 아프다, 마음이 외롭다, 마음이 지쳤다, 마음이 불안하다, 마음이 기쁘다, 마음이 괴롭다, 마음이 불편하다 등 마음과 관련하여 이렇게 말하곤 한다. 이러한 마음의 상태를 감정이라고 한다. 인간이라면 누구나 감정을 느끼고, 그 감정을 타인과 공유하고 표현하면서 살아간다. 우리의 삶을 지탱해주는 그 마음(감정)의 뿌리가 얼마나 깊은지 어찌 알 수 있을까? 예술은 이러한 감정이나 정서를 표현하는 것에서 그 가치를 발견하기도 한다.

그런데 그 마음의 주인인 자기 자신도 때로는 그 감정을 알지 못하기에 소통에 문제가 생기게 된다. 내 마음을 모르니 상대방과의 대화에서 오해와 갈등이 일어나는데, 모두 마음을 알지 못한 무지에서 비롯되는 경우가 많다. 예를 들어 사랑하면서도 상처주는 말을 한다든가 하는 모순적 상황은 한 번쯤 경험해 보았을 것이다. 그렇다고 솔직하게 있는 그대로 분노와 짜증 같은 부정적 자기 감정을 모두 표현한다는 것도 좋은 의사소통 방식은 아니다.

마음은 한자로 심(心)이라 하고, 영어로는 마인드(mind: 이성적 마음)와 하트(heart: 감성적 마음)라고 하며, 인간 신체의 심장에 비유된다. 때로 설레고 두근거리는 심장 박동과도 같은 이 마음은 무엇일까?

불교에서 마음은 끊임없이 변하고 흔들리는 것이기에 무심(無心: 마음이 없는 것이 아니라 번뇌, 분별, 집착이 없는 마음 상태)을 강조하였다. 그럼에도 그 흔들리는 흐름 속에서 내가 누가인지 볼 수 있는 깨달음을 얻을 수 있다고 보았다. 《화엄경》에서는 일체유심조(一切唯心造)라고 해서 모든 것은 마음이 지어내는 것이기에 마음을 알아야 한다고 말한다. 그래서 불교에서는 잃어버린 마음을 찾아야 한다, 마음챙김을 해야 한다고 강조한다.

하지만 마음은 보이지 않는다. 보이지 않기 때문에 길을 찾기가 쉽지 않다. 물질도 아니니 손에 잡히지도 않는다. 그럼에도 마음을 훔쳤다, 마음을 빼앗겼다, 마음을 주고 싶다, 마음을 받고 싶다라는 말은 사랑의 감정을 표현할 때 주로 인용되는데, 마음을 물질과 동일시함으로써 마음의 상태를 이해하려는 은유적 표현이다.

조선시대 성리학에서 마음은 성(性)과 정(情)이라는 전체를 포함하는 것으로 보았다. 마음에는 본체가 있어 인(仁)·의(義)·예(禮)·지(智)로 구성되어 있고, 성(性: 이치)이 밖으로 표현되는 것이 정(情: 감정)이라고 하였다. 그래서 성과 정은 서로 분리될 수 없는 하나의 관계에 있다고 보았다. 몸과 마음은 유기적으로 연결된 전체의 관계라는 것이다.

서양 철학에서는 마음을 이성적 마음(mind)과 감성적 마음(heart)으로 나누어 보았다. 마음(mind)은 영혼(soul)에서 파생된 개념인데, 고대에는 꿈이나 환각의 경험을 통해 몸의 일부가 분리될 수 있다고 믿었다. 마음은 물질인 몸과 분리될 수 있는 자율적인 실체라고 본 것이다. 고대 플라톤과 기독교적 세계관 이래로 근대의 데카르트 이원론도 '생각하는 마음(정신)'과 '운동하는 몸'이라는 명확한 두 영역을 분리해서 보았다. 이는 동양 철학에서 성과 정이 분리될 수 없다는 입장과는 반대되는 개념이다.

하지만 최근 서양 철학에서도 몸과 환경이 관계 맺는 과정으로서의 마음을 강조한다. 살아 있는 움직임으로써 마음을 받아들이고 있다. 몸이 아프면 그 영향으로 마음도 지치고 우울해지는 경우를 생각해 보면 된다. 반대로 마음을 편안하게 함으로써 몸을 건강하게 할 수도 있다. 오늘날 서구의 현대인들이 왜 동양의 명상에 빠지는지를 이해하면 쉬울 것이다.

심리학에서 마음은 생각하고 느끼고 행동을 이끄는 구조적·심리적 기능으로 보았다. 현재의 인식뿐 아니라 과거의 무의식도 현재의 행동에 영향을 미치기에 사람마다 다른 행동 패턴을 가진다는 것이다. 이 무의식을 정신분석학의 영역으로 끌어온 이가 프로이트(Sigmund Freud, 1856~1936)와 카를 융(Carl Gustav Jung, 1875~1961)이다.

심리학에서 무의식(Unconsciousness)은 바닷속에 잠겨 있는 거대한 빙산에 비유되곤 하는데, 표면으로 드러난 것보다 그 밑에 잠겨 있는 부분이 더 깊기 때문에 우리가 인식하는 것은 작은 조각에 불과하다는 것이다. 프로이트는 그 깊은 무의식이 우리의 삶을 지배한다고 보았고, 억압된 감정이나 방어기제가 성격 형성에 영향을 미친다고 했다. 한편 카를 융도 "무의식을 의식하지 않으면, 그것은 당신의 운명이 되어 당신을 지배할 것이다"라고 말한 바

있다. 운명과 무의식에 우리 자신을 맡기며 아무런 선택권 없이 거대한 시스템이나 보이지 않는 힘에 의해 수동적으로 살아간다면, 우리가 삶에서 느끼는 것은 무력감일 것이다. 내 힘으로 거대한 시스템을 바꿀 수는 없지만, 무의식과 운명에 맞서 싸우면서 획득되어지는 서사는 온전한 나만의 이야기를 가질 수 있다. 소피의 심리학 모험은 바로 무의식의 세계를 확장해서 자기 자신을 인식하고 자기를 찾아가는 이야기이다. 내 마음과 감정을 이해하기 위해서라도, 내 운명을 내가 선택하기 위해서라도 우리 안의 무의식 세계에 도전해 볼 만하다.

서양 철학에서는 이성은 감정의 주인이 되어야 한다고 가르쳐왔고, 심리학에서는 이성이 감정의 하인 역할을 하는 측면도 있다고 인정했듯이, 이성과 감정의 역학 관계를 이해한다는 것은 쉽지 않다. 다만 이성과 감정이 분리되어 따로 작동한다면 그

것은 어린아이의 순수함(감정)을 가장한 채 어른의
무기인 조종과 통제(이성)를 행사하는 것만큼이나
부작용이 심각한데, 심장이 없는 마법사 하울은 그
마음의 부작용에 대한 설정이다.

몸과 마음이 분리된 하울의 성

하울의 성은 고철 덩어리를 이어붙인 기괴하고
거대한 모습이다. 걸음걸이는 비틀거리고 겉모습은
위압적이지만, 속은 혼돈과 무질서의 카오스와 같
다. 겉모습은 화려하고 매력적인 마법사이지만, 실
상은 심장이 없고 자신의 외모가 엉망이 되면 살 가
치가 없다며 점액질로 녹아내려 무너지는 하울의
존재와 맞닿아 있다. 이 움직이는 성은 그의 비대해
진 자아와 불안한 내면을 상징한다.

하울의 성은 캘시퍼라는 불의 악마에 의해 움직
이고, 이 불은 하울의 심장 즉 마음(감정)임이 밝혀

진다. 계약에 의해 하울의 심장이 캘시퍼에게 갇혀 있는 처지다. 그 심장이, 그 마음이 하울의 성(城)을 움직인다. 이 설정은 감정(마음)이 이성(몸)을 움직인다는 중의적 의미의 설정으로 볼 수 있다.

그런데 하울은 자신의 심장(마음)을 불의 악마 캘시퍼에게 가둔 채 마음과 분리되어 몸만 자유롭게 성을 드나든다. 서양 철학에서 말하는 이성과 감정의 분리라고 볼 수 있다. 그리고 감정 없이 성 밖을 나가 이성만으로 본 세상에서는 전쟁이 한창이다. 붉은 기둥의 화마, 붉은 피로 얼룩진 세상은 아비규환이 따로 없을 지경이다. 이 전쟁의 불길 속에서 마음을 성에 두고 온 하울은 괴물들을 상대로 스스로도 괴물이 되어 생존을 위한 싸움 속에서 살아간다.

매일 밤 하울은 만신창이가 되어 마음의 안식처로 돌아온다. 오늘날 전쟁 같은 일상의 삶을 살고 집으로 돌아오는 우리 삶의 모습과도 닮았다. 약육강식의 전쟁 같은 세상에서 몸(이성)과 마음(감성)을 분리할 수밖에 없는 우리의 분열된 모습을 보여주는 장면이다. 물론 이 분열된 모습은 작품의 마지막에 하울이 심장을 되찾아 몸과 마음이 통합됨으로써 온전해진다. 지극히 동양적 관점에서의 메시지를 전달하고 있는 셈이다.

움직이는 것만이 살아 있다. 심장이 멈춘다면 죽음이요, 마음이 멈춘다면 내면의 죽음, 어두움이다. 그러니 마음은 곧 생존이다. 생존을 위해 챙겨야 하는 마음이다. 이 작품 제목이 '하울의 성'이 아니라 '하울의 움직이는 성'임을 강조한 이유는 마음의 문제와 관련된다. '움직이는'이라는 단어에는 마음(감정, 사랑)과 죽음(심장의 멈춤)이라는 상징성을 모두 내포하고 있다. 미야자키 하야오도 이 '움직이는'이라는 단어에 꽂혀 이 작품을 선택했다는 일화는 유

명하다. 동양 철학의 존재론에서도 움직이는 것만
이 진리라고 했듯이, '움직이는'이라는 단어 하나가
이 작품에 생명력을 불어넣고 있다.

거대한 우주와 하찮은 마음

하울이 어린 시절 별똥별로 내려온 유성을 삼키
고 자신의 심장을 내어주는 시퀀스는 이 작품의 키
워드이다. 타임슬립을 통해 하울의 과거 어린 시절
속으로 시간 이동을 한 소피는 하울이 유성을 삼킴
과 동시에 그의 심장이 밖으로 나와 불의 악마 캘시
퍼로 변하는 장면을 목격한다. 캘시퍼가 소피에게
내가 죽으면 하울도 죽는다고 말했던 이유가 밝혀
지는 장면이다. 하울이 심장을 잃어버리게 되는 과
정을 목격한 소피는 하울의 심장과 캘시퍼를 제자
리로 돌려놓는 것이 마법을 푸는 열쇠임을 알게 된
다. 하울의 심장과 운명적으로 연결되어 있는 불의

악마 캘시퍼, 그리고 그들의 계약을 풀어낼 소피가 운명적으로 엮이는 장면이다.

어린 시절 하울과 캘시퍼가 주고받는 계약을 목격한 후 소피는 "미래에서 기다릴게. 나는 소피야"라고 말하면서 암흑의 통로로 사라지는데, 그때 잠시지만 소피의 목소리를 통해 그녀의 존재를 인식해서일까. 첫 만남부터 하울은 소피가 낯설지 않다. 이후 심장이 없는 하울이 소피에게 마음을 열게 되는 것도 그의 과거 어린 시절 메아리로 남은 기억을 늘 간직한 채 기다려 왔음을 보여준다. 하울의 어린 시절에서 시간 이동 후 현실로 돌아왔을 때, 상처 입은 하울이 소피를 기다리고 있는 마지막 장면에서 이 오랜 기다림의 의미가 비로소 밝혀진다. 더 이상 하늘을 날 수 없을 정도로, 더 이상 몸을 지탱할 수 없을 정도로 하울의 마음(영혼)은 죽어가고 있었던 것이다. 그것은 공허함 때문이었다.

　우주에서 온 별똥별 때문에 하울은 마음을 지키지 못했다. 거대한 우주를 품겠다는 욕망이 자신의 작은 마음 따위 상관없다는 하찮은 것으로 취급했기에 마음은 쉽게 불의 악마 캘시퍼에게 갇히고 말았다. 캘시퍼를 살리고 자신의 심장을 내어주는 계약을 체결하면서 마음을 잃고 화려한 껍데기만 부여잡은 것이다. 그 대가로 얻은 것이 막강한 마법을 사용할 수 있는 힘(권력)이었다.

　거대한 우주에서 나의 작은 마음은 그저 하찮은 먼지일 뿐일까. 그 하찮은 먼지 같은 마음 속에 우리는 자신의 가장 비밀스러운 이야기들을 숨겨놓기도 한다. 마음은 그 이야기들이 서사가 되는 장소인 것이다. 서사가 살아갈 수 있도록 타인의 마음에 상처 주지 않는 존중과 배려가 필요한 이유다. 하지만 욕망을 품은 자에게 마음은 불편한 짐일지 모른다. 욕망이라는 놈은 그렇게 호락호락하지 않아서 쉽게 자신의 것을 내려놓지 못하고 자신의 욕심을 채우게 된다. 어린 시절 하울은 욕망을 품은 자로서의 길을 선택함으로써 타인과 연결되는 공간마저 잃어버린 것이다. 그것이 하울의 공허함이었다. 하울은 그 공허함을 견딜 수 없어 소피를 자신의 그림자 속으로 초대했고, 소피는 그의 환상의 미로 속을 통과하며 심리적 모험을 하게 된다.

사랑이라는 또 하나의 마법

마법의 저주에 걸린 노파 소피는 혼돈과 무질서의 성에서 구석구석 청소를 하면서 화려한 외모 이면에 하울이 감추고 있는 내면의 민낯을 적나라하게 보게 된다. 하울이 숨어 있던 어둡고 냄새나는 비밀의 방에서 비겁하고 허접한 하울의 모습을 있는 그대로 보았다. 하지만 황야의 마녀로부터 받은 저주 때문에 처음에는 그의 무질서한 민낯을 말해

주지 못하다가 용기 내서 솔직히 자기 주장을 하자, 마법이 풀리듯 노파에서 소녀로 변해가면서 자신에게 걸린 마법의 비밀을 알게 된다. 위축되어 있을 때는 노파로, 당당할 때는 소녀로 변하게 되는 것이다. 화려하고 매력적인 하울 앞에서 그의 시선이 아니라 자신의 시선을 갖기 시작하면서 늙고 추레한 자신의 모습에 기죽지 않고 자신의 생각을 말하는 용기는 바로 있는 그대로를 받아들임에 있다. "늙으니까 좋은 점도 있네. 잃을 게 없잖아"라고 당당히 늙음을 인정하는 장면에서 소피는 그 누구보다 아름답게 빛난다.

하지만 자기애 넘치고 오만한 하울을 사랑하면서 거대한 블랙홀에 빠지는 소피의 심리적 궤적은 혼란스러움과 복잡함을 보여준다. 자신의 마법을 풀려고 입성한 하울의 성에서 오히려 몸과 마음이 분리되어 불안정한 내면을 가진 하울을 맞닥뜨린 것이다. 소피가 걸린 저주가 외모를 찾는 것이라면, 심장이 없는 하울의 저주는 내면을 찾는 일이다. 서로 다른 교차로에서 하울의 잃어버린 심장을 찾기까지 소피는 사랑이라는 또 한 번의 마법에 걸려야만 했다. 그것은 자신의 결핍된 영혼을 채우기 위해 마법사 하울이 부지불식간에 건 또 하나의 마법이라고 해야 하지 않을까.

소피는 하울의 심장을 찾아주기 위해 그의 깊은 내면, 즉 그림자 속으로 들어가는 모험을 했다. 결국 소피의 모험은 타인의 내면 속 그림자를 맞닥뜨리는 마음여행이었다. 반면 하울은 자신의 어두운 그림자를 소피에게 투사(타인에게 떠넘기는 마음의 방어기제)함으로써 자신의 문제를 떠넘긴 비겁자였다.

하울의 잃어버린 심장을 되찾는 과정은 결코 쉽지 않았다. 소피는 화려한 하울의 모습을 걷어내고 겁쟁이에 비겁한 모습을 있는 그대로 직면해야 했으며, 하울은 자신이 인간성을 잃고 괴물로 변해가는 과정을 인정해야 했다. 서로가 현실을 직시하며 느꼈을 환멸의 과정을 통과해야 하는 모험이었다.

인문학적 관점에서 마음은 타자와의 관계 속에서 빚어지는 사건이자 자기 자신을 비추는 거울이다. 혼자 짝사랑의 독무대를 만들어 상대를 고립된 섬으로 만드는 것이 아니라, 타인과 만나 대화하는 광장이어야 한다. 그 광장이 누군가 한 사람으로 독점되지 않고 상호 소통될 때 비로소 서로의 마음을 볼 수 있는 것이다.

마법의 저주를 풀기 위해 하울의 성을 찾아 떠난 소피가 욕망을 선택한 대가로 심장을 잃은 하울로 인해 겪었던 지독한 심리적 고통에 공감하면서 구원 서사의 환상을 해체하고, 내 무의식으로 마음여행을 떠났다. 블랙홀에 빠진 소피의 모험과 오버랩되어 내 마음의 심연으로 나를 이끌었다.

소피, 하울은 너 없이는 아무것도 못하는 게 아니라,
너를 통해 자기 실현을 하고 있을 뿐이야.
더 이상 그의 감정 쓰레기통이 되면 안 돼.
이제 그 성에서 걸어 나와도 괜찮아.

2
나르키소스와
에코의 환생

구원을 기다려온 결핍된 영혼

온갖 고철 덩어리를 덕지덕지 붙이고 금방이라도
무너져 내릴 것 같은 괴상한 형체를 한 하울의 성이
구름 사이를 뚫고 소피가 사는 작은 마을에 도착한
다. 여인들은 하울의 성이 자신들의 마을에 도착했
다며 두려워한다. 하울이 예쁜 여자의 심장(마음)을
먹는다는 소문이 퍼져 있기 때문이다. 소피는 자신
이 예쁘지 않기 때문에 이러한 소문에는 관심도 없
이 골방에서 일만 하고 있다. 자신이 얼마나 예쁜

마음을 가지고 있는지 알지도 못한 채.

움직이는 성에 사는 아름다운 하울이 예쁜 여자의 심장(마음)을 먹는다는 괴소문은 사실이었다. 마법사 하울은 오랫동안 마음이 예쁜 여자를 기다려왔다. 심장이 없어 비록 겁쟁이 괴물이 되었지만, 마음이 예쁜 누군가 자신을 구원해주기를 간절히 기다려온 결핍된 영혼이었다.

현대인들 대부분은 아마도 하울 같은 결핍된 영혼을 안은 채 흔들리며 살고 있을 것이다. 내 결핍된 영혼을 구원해줄 누군가를 기다리며 무너져가는 자신을 지탱하고 있을지도 모른다. 그래서 사랑의 서사는 늘 구원자 환상에 의존하기도 한다. 꺼져가는, 무너져가는 나를 "구해줘!" 하고 아우성 치는 틈 사이로, 또 누군가는 내가 "구해줄게!" 하며 구원자를 자처하기도 한다. 하지만 구원이란 서로의 결핍을 메우기 위한 환상의 유혹이지 않을까.

첫 만남의 환상, 아니마와 아니무스

하울과 소피가 처음으로 만나는 골목길 장면에서 하울은 소피가 착한 소녀임을 바로 알아챘다. 착한 소녀 소피는 악당들로부터 자신을 지켜주며 보호자를 자처하는 하울의 친절에 이내 마음을 빼앗긴다. 바로 이 지점에서 카를 융이 말한 무의식의 투사가 일어난다. 하울에게 소피는 자기 안의 여성상인 아니마(anima)로, 소피에게 하울은 자기 안의 남성상인 아니무스(animus)로 투사된다. 서로의 이상형이 투사된 아니마와 아니무스로 만난 그들은 처음부터 강한 끌림에 빠진다. 그들이 악귀들을 따돌리고 하늘 위 구름 속에서 '인생의 회전목마'라는 음악에 맞춰 추는 왈츠는 꽤 로맨틱하게 그려져 있다. 이 첫 만남은 후에 하울의 성에서 하울과 소피가 다시 만났을 때 서로를 연결하는 기억이 된다. 이 기억은 너무 강렬해서 소피가 하울을 사랑하고 그의 내면

깊숙이 빠지게 하는 치명적 서사로 작용하고 있다. 이 운명과도 같은 서사는 자신의 정체성을 몰랐기 때문에 운명의 비극을 피할 수 없었던 오이디푸스처럼 의식하지 못한 정체성(무의식)은 운명으로 그들을 이끌어간다. 의식적 자아가 사라진 무의식 속으로 아니마와 아니무스의 환상이 투사되면, 태풍의 눈 속으로 삽시간에 휩쓸리는 자연재해와 같은 현상을 맞닥뜨리는 것이다.

하울이라는 인물은 마치 소녀팬들의 아이돌 스타처럼 그려져 있다. 아름다운 외모에 쓸쓸한 매력이 넘치는, 마치 '캔디'의 안소니와 테리우스 캐릭터를 연상시킨다. 여성들의 무의식 속에 숨어 있는 그녀들의 구원자이자 영웅처럼 느껴지는 이상적인 남성상의 원형인 아니무스로 투사된 것이다.

한편 남성의 무의식 속에는 여성적 원형인 아니마가 존재한다. 인류의 오랜 집단 무의식 속에서 남

성은 이 여성적 원형인 아니마를 목표로 설정해 왔
다. 흔히 남성들이 생각하는 예쁜 여자에 대한 이상
형이 그러한 목표 설정일 것이다. 남녀간 사랑의 여
정에서 첫눈에 반한다는 것은 이 아니마와 아니무
스의 만남일 확률이 크다. 인류가 오랜 집단 무의식
에 심어 놓은 서로에 대한 이상형이 만났으니 당연
한 일이다. 하지만 이 환상은 금방 사라지는 신기루
와 같다. 왜냐하면 실재가 아닌 무의식 속 꿈과 같
은 것이기 때문이다.

사랑의 환상은 깨고 나면 공허함만이 남는 것임
에도 우리는 왜 신기루 같은 환상에 빠지는가? 현
실의 인간은 누구나 불완전하고 결핍을 가지고 있
다. 하지만 환상 속에서 상대는 나의 결핍을 채워주
는 존재로 이상화된다. 현실의 가슴 아픈 이별조차
도 운명적인 서사나 성장을 위한 시련으로 포장된
다. 또한 환상은 차가운 현실로부터 초라한 나를 보

호해주기도 하고, 때로는 삶을 지속할 동력을 제공하기도 한다. 마법사 하울이 지저분한 비밀의 방을 숨기고 화려한 정원만 보여주며 환상을 만들듯이, 편집된 진실은 환상 속으로 소피를 끌어당긴다. 그 환상이 소피를 모험으로 이끌었던 단초였다.

무의식과 페르소나

인간의 정신은 의식과 무의식으로 구분하는데, 그중 무의식은 집단 무의식과 개인 무의식으로 나누어진다. 남성이 이상적으로 그리는 여성, 또는 여성이 이상적으로 그리는 남성은 모두 인류의 집단 무의식 속에서 탄생하였다. 카를 융이 제안한 분석 심리학의 핵심인 집단 무의식은 인간 무의식의 심층에 의식화되지 않은 채 원형이나 상징, 신화로 저장되어 있다는 것이다. 그리스 로마 신화 속 이야기들은 인간의 내면 정신을 담고 있는 인류의 대표적

지식 창고인데, 도덕적으로 말도 안 되는 이야기들도 무의식의 세계에서는 우리 내면의 세계를 보여주는 상징이 된다. 우리가 미처 깨닫지 못하고 의식화하지 않은 인간 정신의 가장 깊은 곳을 신화를 통해 간접적으로 접근할 수 있다는 점에서 신화야말로 인류의 집단 무의식적 발현이라고 할 수 있다.

반면 개인 무의식은 개인의 경험과 감정이 의식적으로 자각되지 않는 것을 말한다. 개인은 의식적·무의식적 전체인 자기(self)와, 의식하는 자아(ego)로 구분된다. 이때 자아는 페르소나(Persona)를 통해 자기 원형(self)과 상호 소통하면서 개성화라는 자기 실현으로 나아간다.

페르소나는 원래 그리스 가면극에서 배우들이 썼다 벗었다 하는 가면을 뜻하는 말인데, 카를 융은 자신의 본성을 감추거나 다스리기 위해 사회적·도덕적 규범을 받아들이는 개념으로 페르소나를 사용하였다. 흔히 야누스의 두 얼굴은 페르소나의 팽창으로, 본래의 나(에고)와 타인에게 보여지는 나(페르소나) 사이의 간극이 너무 크면 나타나는 현상이다. 이 간극을 메우기 위해 페르소나 속에 감추어진 자아를 찾는 과정이 자기 실현이다.

사회 속에서 살아가는 개인은 누구나 페르소나라는 가면을 쓰게 된다. 내 본래의 모습을 있는 그대로 모두 보이면서 살 수는 없다. 그런 점에서 페르소나는 각자의 욕망을 잘 숨긴 사회적 얼굴인 셈이다. 카를 융에 의하면, 모든 인간은 사회적으로 용인된 이 사회적 가면인 페르소나와 무의식 속에 억압된 자아의 그림자 사이에서 살아간다고 한다.

마법의 저주에 걸리기 전, 소피는 모자 가게의 장녀로서 가족을 위해 헌신하는 책임감 있는 장녀였다. 스스로를 예쁘지 않다고 단정 짓고 화려한 세상에서 한 발 물러나 '착한 딸'이라는 페로소나에 갇혀 있었다. 하지만 마법의 저주로 노파가 되고 나서 자신의 내면에 억압되어 있던 진짜 목소리를 내기 시작한다. 그리고 하울을 사랑하고 지키는 과정에서 노파 소피와 소녀 소피를 통합한다.

그러나 본래의 나(에고)와 사회적 자아(페르소나)를 통합시키지 못하는 특이한 유형이 바로 나르시시즘적 심리 기제의 사람들이다. 그리스 신화 나르키소스에서 유래한 나르시시즘은 자기 자신을 이상화하거나 왜곡해 과도하게 애착하는 자기애적 성향을 말한다. 이들은 전적으로 자신이 만든 완벽하고 매력적인 이미지를 통해 살아간다. 가면 속에는 진짜 자아(그림자)가 철저히 은폐되어 있고, 이로 인해 누군가가 그들의 가면에 흠집을 내거나 가면의 뒤를 정확하게 꿰뚫는 통찰을 하게 되면, 참을 수 없는 수치심을 느낀다. 이 수치심은 내면 깊숙이 묻어둔 것이다. 가면이 곧 자신이라고 믿기에 지나치게 자기 이미지에 집착하는데, 타인과의 경계를 구분짓지 못하고 본인이 되고 싶은 이상적인 무수한 타인을 자신이라고 확대한다는 점에서 사회적 페르소나를 적절히 활용하는 건강한 사람들과는 차이점이 있다. 그 차이는 바로 가면을 벗었을 때 마주하게 되는 진짜 자신을 견딜 수 있는지의 여부이다.

나르키소스와 에코의 신화 원형

주름진 얼굴의 노파가 된 소피는 순무 허수아비의 도움으로 하울의 성에 도착하지만, 왈츠의 황홀경을 선물했던 친절한 하울을 차가운 현실 속에서 마주해야만 했다. 그런 하울의 곁에 있기 위해 소피가 청소부를 자처하면서 일상의 만남이 이루어지고, 이제 하울의 성은 소피를 중심으로 한 새로운 국면으로 들어간다.

카를 융은 모든 인간 드라마의 이면에는 원형이

라고 불리는 거대하고 신성하기까지 한 고대의 힘이 숨어 있다고 믿었다. 하울은 심리학에서 나르시시스트 성향의 성격 유형으로 분류되고, 소피는 공감 능력자인 에코이스트로 분류되는데, 그들의 이야기는 그리스 신화 속 나르키소스와 에코 이야기를 그 원형으로 하고 있다.

신들도 부러워할 정도로 타고난 미모로 많은 요정들을 매료시킨 나르키소스는 그 누구의 사랑에도 응답하지 않았다. 그가 태어났을 때 어머니는 예언자 테이레시아스에게 아이의 운명을 물어본 적이 있었다. 테이레시아스는 "아이가 성장하여 자신의 모습을 보지 않는 한 오래 살 것이다"라는 수수께끼 같은 예언을 남겼다.

한편 제우스가 다른 요정들과 만나는 동안 이를 도왔다는 이유로 헤라의 분노를 산 나무 요정 에코는 다른 이의 마지막 말만 따라하는 저주에 걸린다. 그러던 어느 날, 숲에서 사냥을 하는 나르키소스를 우연히 만난 에코는 그의 아름다움에 매료되어 순식간에 사랑에 빠진다. 하지만 먼저 말을 걸 수 없었던 에코는 그의 말만 따라하다가 나르키소스로부터 "차라리 죽을지언정 너 같은 여인을 사랑할 수 없다"는 거절의 말을 듣게 된다. 이 말을 듣고 에코는 상처를 받아 깊은 산속으로 숨어들어서는 아무것도 먹지 않고 말라가더니 먼지가 되어 사라지고 메아리만 남게 되었다.

나르키소스는 에코뿐 아니라 수많은 요정들의 사랑을 무시하며 자신만의 세상에 갇혀 살았다. 보다 못한 요정들이 복수의 여신 네메시스에게 간청하자, 여신은 그가 사랑할 수 없는 존재를 사랑하게 만들겠다고 응답해주었다.

어느 날 나르키소스는 호수에 비친 아름다운 자신

의 모습과 사랑에 빠졌다. 그가 "소년이여, 너와 함께"라는 말을 마치자, 에코가 사라진 동굴 근처에서 "함께"라는 에코의 메아리가 들렸다. 이 말은 나르키소스를 향한 에코의 마지막 말이자 그리움의 메아리였다. 나르키소스는 몇 날 며칠 먹지도 자지도 않고 자신의 모습만을 그리워하다가 결국 아사해서 죽었다. 요정들에게 약속한 복수의 여신 네메시스의 저주였다.

나르키소스는 왜 연못에 비친 자신을 사랑하는 저주에 빠졌을까? 그는 한 번도 타인을 거울 삼아 바라본 적이 없었다. 건강한 사람들은 타인을 통해 자신을 비춰본다. 타인은 우리에게 있는 그대로의 모습을 반사해주는 거울이자 서로를 이해하고 성장하게 하는 창이 된다. 그러나 나르시시스트에게 타인이란 그런 존재가 아니다. 나르키소스처럼 연못에 비친 자신의 얼굴을 사랑하듯, 거울(타인)에 비친 자신의 모습만을 사랑한다. 타인의 진짜 모습이나 감정, 욕구에는 관심이 거의 없다. 오직 그 거울이 자신을 얼마나 아름답고 특별하고 우월하게 비춰주는지만 중요하다.

각자 자신이 걸린 저주를 안고 하울의 성에서 그들은 다시 만났지만, 소피는 자신의 마음을 표현하지 못하는 신세가 되고, 하울은 그런 소피의 마음을 외면한다. 마음이 없는 사내와 자기 내면의 생각과 감정을 말하지 못하는 소녀(노파)는 나르키소스와 에코의 환생으로 다시 등장한 것이다.

지혜를 얻은 소피

나르시시즘과 반대되는 에코이즘은 자기애적으로 보이는 것을 두려워하는 성향이다. 에코이즘의 성향인 에코이스트는 자신의 욕구보다 타인의 필요를 맞추어주는 것을 더 편하게 생각하는데, 이런 성향의 여성은 자신의 생각과 감정을 표현하는 데 어려움을 느끼고, 상대에게 발생할 문제를 해결해주기 위해 자기 일을 뒤로 미루기도 한다. 소피의 성향은 신화 속 에코를 원형으로 한 에코이스트이다.

사실 하울이 불의 악마 캘시퍼와의 계약으로 심장이 없는 상태는 소피와는 아무 상관이 없다. 그럼에도 소피는 하울의 그림자 속으로 깊이 들어가 그의 비밀 계약을 알아내고, 그의 심장이 원상 복구되도록 도와준다. 에코이스트 소피이기에 타인의 어려움을 지나치지 못하고 자신의 일을 미루면서까지 이 문제를 해결하려고 한다. 한 생명을 구하기 위해 모든 에너지를 쏟아부었기에 이 모험은 인디아나 존스급 처절한 생존의 문제였다.

소피는 인문학적 소양을 갖춘 이름을 가지고 있다. '철학'이라는 필로소피(Philosophy)와 연관된 이

름은 흥미롭다. 그 어원은 Philo+sophy에서 나오는데, Philo는 '동반자'라는 뜻이고, sophy는 '지혜'라는 뜻이다. 소피라는 이름에는 지혜라는 중의적 표현이 숨어 있는 셈이다. 신화의 원형에서 에코는 저주에 걸려 나르키소스에게 자신의 진심을 말할 수 없어 그에게 버림받아 사라졌지만, 원작자는 이런 에코의 저주를 풀어주고 소피에게 지혜를 선물한다. 신화는 원형일 뿐 그 원형은 언제든 시대와 배경에 따라 재구성될 수 있는 것이다.

신화적 관점에서 하울과 소피를 나르키소스와 에코의 환생으로 보고, 그들의 심리적 무의식 세계가 현실의 의식적 세계와 어떻게 교차하는지 그 교차점을 찾아보고 싶었다. 심장이 없는 하울이라는 심리학적 원형을 빌려 자기애의 나르시시즘 메커니즘이 어떻게 작동하고, 화려한 나르시시스트의 환상에 왜 매혹되고 상처받는지를 들여다보려고 한다.

소피, 하울이 심장이 없는 건 네 탓이 아니야.
하울에게 저당 잡힌 너의 심장부터 챙겨.
그를 치유하겠다는 생각은 버려야 해.
그렇지 않으면 너의 심장이 부서질 거야.

3
나르시시즘의
환상 세계
나르시시즘의
환상 세계

자기애란 무엇인가

움직이는 성에 살고 있는 마법사 하울은 자기 중심적 환상 세계에 살고 있다. 타인과의 진정한 연결을 피하고 자기 이미지에 집착한다. 심장이 없어 스스로 감정을 만들어내지 못하는 취약점을 안고 있다. 구원자 환상을 걷어내고 자기애(나르시시즘) 성향의 나르시시스트로서 하울을 소환하는 이유이다.

하울처럼 몸과 마음이 분리된 불안한 상태에서는 온전한 자기가 되는 것만으로 충분한데, 지나친 자기애가 넘쳐나는 세상이다. 요즘 시대에 자기애는 화두이자 자아 실현처럼 회자되고 있다. 자기 자신을 사랑하지 않는다면 타인을 사랑할 수 없다는 말도 회자될 정도로 자기애는 이제 시대적 사명처럼 들리기까지 한다. 보통 '나르'라고 지칭하는 나르시시스트는 지나친 자기애의 대명사처럼 불린다. 나르시시스트는 과거에는 성격 장애를 지칭할 때 사용하는 용어였지만, 현재는 SNS 발달에 따른 개성화의 사회적 현상이 점점 강해지면서 사회심리학적 용어로 더 폭넓게 사용되고 있다. 또한 우리 자신을 끊임없이 성찰하게 하는 언어가 되었다.

'나를 사랑한다'는 자기애는 무슨 의미인가? 여기에서 사랑의 목적어는 '나'라는 점이다. 반면 '나는 사랑한다'고 할 때 '나'는 사랑하는 주체가 된다. 결국 '나'는 목적이 될 것인지, 주체가 될 것인지에 대한 차이점이 생기는데, 나르시시즘적 심리 기제는 자기 자신만을 목적으로 한 이기심이다. 문제는 그들의 페르소나가 터질듯한 속 빈 풍선과 같다는 데 있다. 내적 결핍으로 인해 항상 타인의 찬사와 숭배로 자신을 채워왔기 때문에 그들의 자아는 우월함, 완벽함, 잘 연출된 권력의 정교한 이미지로 보여지곤 한다.

자기애를 지향하는 일반적 사람들은 'This is nice for me', 'This is not nice for me'라는 기준점에서 경계를 세우고, 타인과의 소통 속에서 자신의 목적 지향점을 향해 나아간다. 적절한 자기애와 자존감은 살아가면서 큰 활력이 되고, 창조적 활동을 위해 필요한 에너지로 활용된다.

그런데 지나친 자기애는 자기중심주의와 맞물려 있다. 자신의 목적이 강하다 보면 타인에 대한 공감 능력이나 배려가 부족해지면서 부지불식간에 타인에 대한 감정 착취가 발생하게 되고, 과도한 자신감으로 모든 것을 통제하려는 욕구에 빠지는데, 이러한 욕구는 오히려 지나친 자신감으로 자신을 견뎌내지 못하기 때문에 나타나는 행동 패턴인 것이다. 이렇게 타인의 감정에 기생하려는 욕구는 얕은 감정을 만족시킬 뿐이다.

숨겨진 내면 아이

하울의 비밀의 방에는 어른이 된 하울의 복잡한 내면을 반영하듯 잡동사니와 어린 시절 가지고 놀던 각양각색의 장난감, 그리고 마법의 도구들로 어지럽게 꾸며져 있다. 하울이 도망치고 싶어 하는 내면의 동굴이자 비겁하게 숨어 있는 공간이다. 그는 소피에게 자신은 겁이 많아서 외부의 위협으로부터 자신을 보호하기 위해 부적처럼 꾸며놓은 것이라고 말한다. 하울의 내밀한 방을 청소하기 시작하면서 소피는 겁쟁이 하울의 민낯을 보게 되고, 하울은 자신의 어두운 그림자를 보여주면서 그들의 마음이 서로에게 조금씩 열리는 연결점이기도 하다.

겉으로는 자신감 넘치고 오만해 보이는 하울이지만, 그의 내면은 너무 허약해서 성장하지 못한 내면을 가지고 있다. 이 허약함을 벗어나고자 하울은 어린 시절 심장(마음)을 내어주고 마법의 힘을 사용할 수 있는 유성(권력)을 택했다. 어른으로 성장은 했지만 내면의 감정이 어린 시절 상처나 결핍에 머물러 있는 나르시시즘적 심리 기제에서 이 선택은 자신의 통제를 정당화하기 위한 비겁하고도 견고한 방어막이 될 수 있음을 의미한다. 방어막으로 쓰인다는 것은 자신의 상처를 강조하여 보호받아야 할 아이처럼 행동하는 것이다. 하지만 진짜 아이의 순수함은 어떤 방어막도 필요하지 않으며 권력을 무기로도 쓰지 않는다. 그래서 자신의 잘못을 덮고 책임 회피를 한다거나, 상대를 조종하고 자신의 이익과

이기심만을 정당화하기 위한 아이의 페르소나를 이용한다면, 어린아이의 가면 뒤에 통제 욕구를 숨기고 있다고 할 것이다.

나르시시즘적 심리 기제에 있는 사람들은 내면 아이를 가진 채 자신의 이익 앞에서는 한 치의 양보도 없이 인간의 감정을 비즈니스로만 파악하는 경향이 있다. 화려한 친화력으로 타인의 감정을 이용하다가 상대가 더 이상 감정 이용을 방어하면 말과 행동이 다른 행동 패턴을 통해 오해를 만들어낸다. 상대가 그 오해를 풀려고 다가올 때쯤 오해를 풀기보다 관계를 포기하고 회피하는 길을 선택함으로써 상대를 당황하게 한다. 결국 하울이 황야의 마녀나 설리먼과 관계를 끊고 도망간 것은 자신의 곤혹한 처지를 피해 그녀들을 배신하고 얻은 비겁한 자유였다. 그 비겁한 자유로 인해 하울은 전쟁(내면의 전쟁)이라는 끔찍한 현실과 마주해야 했다.

하울의 어린아이와 같은 면은 선택과 책임을 회피하는 모습에서도 보여진다. 이웃 왕국과 전쟁이 시작되자 국왕이 전쟁에 필요한 마녀와 마법사를 불러모으고, 하울에게도 소환 통보가 날아든다. 하지만 하울은 자신이 겁쟁이라는 이유를 핑계로 소피를 자기 어머니로 꾸며 보내는 전략을 세우는데, 책임 회피와 타인을 조종하는 전형적인 나르시시즘의 심리 기제를 보여주는 한 대목이다. 자신을 사랑하는 상대의 감정을 알고 있기 때문에 상대를 방패막으로 쉽게 이용하고 착취할 수 있는 것이다.

그럼에도 착한 소피는 왕국에서 하울의 마법 스승인 설리먼과 대면했을 때 하울을 옹호해준다. 설리먼은 하울이 마법사로서의 재능을 자신만을 위해 사용하고 악마와 손을 잡은 위험한 인물이라며 소피의 환상을 깨고자 하지만, 소피는 하울이 겁쟁이에다가 이기적인 인간일지라도 그것은 단지 자유롭게 살고 싶어 하는 것일 뿐, 악마와도 스스로 손절할 거라며 하울을 믿어준다. 자신을 이용하는 사람조차도 사랑의 마음으로 감싸주는 소피는 비록 괴물로 변해도 상관없이 하울을 사랑하겠다고 말할 정도로 에코이스트이자 치유자를 대변해준다. 하지만 이러한 무조건적인 소피의 받아들임은 황야의 마녀처럼 하울에게 중독(집착)된 감정이나 구원자 환상에 빠져 있는 것은 아닌지 하는 의구심이 드는 부분이기도 하다. 소피는 하울의 구원자일까, 아니면 하울의 마법에 걸린 중독자일까?

사랑하는 하울이 죽음의 위기에 처하자, 소피는 캘시퍼에게 찬물을 끼얹은 자신을 탓하며 소리 내어 울게 된다. 그 순수한 눈물이 하울이 준 반지에 떨어지는 찰나, 하울의 어린 시절로 향하는 시간의 문이 열린다. 이 시간의 문은 하울의 무의식 세계로 들어가는 문처럼 보인다. 블랙홀처럼 캄캄한 어둠

속에 첫발을 내딛으며 두렵지만 용감하게 걸어들어
가는 소피의 발걸음은 하울의 가면 뒤 그림자 속으
로 들어가는 장면을 연출한 것이다. 누군가의 그림
자 속으로 들어가는 일은 상당히 위험한 일이다. 인
간은 완벽할 수 없고, 누구나 자신만의 그림자 세계
가 있다고 한다면, 오히려 서로의 경계를 세우는 것
이 필요하다고 심리학은 알려주고 있다.

소피를 소녀에서 노파로 만드는 마법의 저주를
걸고 설리먼에 의해 젊음을 빼앗긴 황야의 마녀조
차 끝까지 하울에게 집착하는 설정은 여성들의 이
상적 남성상인 아니무스로서 존재하는 하울을 보여
주고 있다. 도대체 하울은 왜 모든 여성들이 그토록
원하는 도전의 대상이 되었을까?

먼저 아름다운 외모를 무시할 수 없다. 하울 자신
도 아름답지 않으면 살 만한 가치가 없다고까지 말
하는데, 이러한 반응은 자신의 취약한 자아를 지탱

하려는 나르시시스트의 방어기제이다. 외모지상주의 세상에서 외모는 단순한 아름다움이 아니라 권력 그 자체이며, 외모를 잃는다는 것은 권력의 상실이다. 외모는 타인에게 보여주는 페르소나 그 자체이다. 하울은 내면의 심장이 비어 있기에 껍데기인 외모가 완벽해야만 자신이 가치 있는 존재라고 믿는 것이다.

또한 하울의 어린 아이 같은 내면은 돌봄과 모성애라는 여성적 본능을 자극하여 연민이나 공감 능력을 불러일으킨다. 여기에서 여성들은 "나 아니면 그를 구원해줄 수 없어"라는 구원자 환상에 빠지게 된다. 공감 능력자 소피는 온 마음을 다해 상대를 치유하려고 하고, 황야의 마녀는 하울의 심장만이 배반당한 자신의 심장을 치유해줄 수 있다고 믿으며, 설리먼은 자신의 이익과 권력을 유지하기 위해 하울을 필요하게 된다.

지나친 자기애로 인해 타인과의 사랑을 배워본 적 없는 나르시시스트는 사랑받고 싶어 하는 갈망을 사랑이라고 착각한다. 일방적으로 자신의 감정을 쏟아내기만 할 뿐, 타인과의 상호 소통 없이 자기 자신의 필요를 채우려고 한다. 이때 상대의 진심을 도구로 사용하는 것이 바로 감정 착취의 핵심이다. 그들 자신조차도 타인의 감정을 이용한다는 의식 없이 부지불식간에 일어나는데, 이는 자신의 목적을 완성하려는 이기심이 앞서기 때문이다. 특히 에코이스트를 대할 때 상대를 인격체가 아닌 자신의 결핍을 채워줄 재료로 취급하기에 상대는 황야의 마녀가 겪었던 환멸처럼 사랑이라 믿었던 진심이 이용당한 뒤 버려졌다는 깊은 내상을 입게 된다.

그들에게 사랑이란 누군가를 사랑하는 주체적 행위가 아니라, 상대로부터 사랑받는 자신을 찾는 일이 목적이다. 그래서 그들은 상대와의 소통을 통해 연결되는 공감보다 자기 자신과의 연결 속에서 자신이 사랑받을 존재라는 자기 이미지에 집착하거나 몰두한다. 일종의 자기애적 강화 차원이다.

자기애적 성향이 비대해진 나르시시스트는 긍정적이든 부정적이든 상대의 반응을 통해 자신의 존재감을 키우기 때문에 관계 형성에 실패하는 경우가 많다. 공감을 통한 연결이 아니라 이익과의 연결이기 때문에 만약 자신의 이익에서 벗어나면, 갑자기 상대를 대하는 태도가 돌변한다. 순식간에 달콤함이 씁쓸함으로 변하면서 온기도 사라진다. 서로 존중하는 관계 속에서 함께하는 사랑이 아니라, 오직 자신과의 연결을 위한 무대로 생각하기 때문에 상호성의 원칙에 의한 관계맺기가 쉽지 않다.

또한 그들은 스스로의 색깔이 없기 때문에 가장 빛나는 타인의 모습을 복사하여 자기것처럼 보여주는 미러링(Mirroring)을 통해 타인의 영혼을 훔치는 기술을 쓰기도 한다. 상대의 말이나 행동을 그대로 모방해서 닮은 영혼이라는 인상을 준 후 빠른 내적 친밀감을 이끌어내지만, 결국 미러링의 환상을 걷어내면 내가 사랑한 상대의 영혼이 그가 투사한 나 자신의 그림자였음을 깨닫게 된다. 하지만 그들이 의도한 미러링에 갇히게 되면, 상대는 관계를 되돌리려는 집착에 빠지면서 자존감에 심각한 타격을 입게 된다.

그들은 타인을 독립된 인격체가 아니라 자신을 채워줄 공급원으로만 바라본다. 일반인들이 상대의 태도나 감정을 그대로 반사하는 거울 효과를 통해 거울에 비친 자신의 모습을 있는 그대로 바라보는 것과 달리, 우월하고 멋진 자신의 모습에만 도취되는 것이다. 이 거울이 더 이상 자신을 아름답게 비춰주지 않으면(진실을 말하면) 거울을 깨고 새로운 거울을 만들어 허상(페르소나)을 비추려고 한다. 이는 자신의 내면을 성찰하는 것이 아니라, 거울 속의 허상과 대화하는 자기 기만에 불과하다는 것이다. 소피가 세상을 있는 그대로 비추는 거울이라면, 하울의 거울은 비추는 것이 아니라 내면의 결핍을 채우려고 진실과 본질을 왜곡하고 비트는 거울이라고 볼 수 있다.

나르시시스트와의 만남과 이별

나르시시스트와의 만남은 강렬하게 다가온다. 처음부터 화려해서 마치 영화의 한 장면처럼 시작하는 경우들이 많다. 소피가 하울의 마법으로 하늘을 날며 왈츠를 추는 장면은 낭만적 사랑의 절정이자 사랑의 마법에 압도당하는 순간이다. 여성 누구나 꿈꾸는 이 아름다운 풍경은 잊을 수 없는 황홀경을 안겨주는데, 마치 영화 속 주인공과 사랑에 빠지는 착각을 심어주게 된다. 상대는 자신이 특별한 사람이 된 것 같은 느낌을 받지만, 타인의 관심과 사랑을 끊임없이 필요로 하는 그들에게 있어 이러한 몰입은 진심이 아니라 전략일 가능성이 높다. 자기애를 확장하는 그들은 처음의 강렬함이나 다정함으로 상대의 자존심을 높여 놓인 뒤 이를 무너뜨리며 통제를 시작하려는 단계를 구축한다. 과장된 관심, 열정적인 대화, 그리고 타인의 시선마저 사로잡는 자신감은 강렬한 매혹으로 시작해서 혼란을 만들고, 마지막엔 썰물이 빠져나가듯 공허함을 느끼게 한다.

그들의 관심사는 사랑이 아니라 권력이기 때문에 어느새 그 권력에 갇히게 되면, 시간이 지날수록 사랑받는 느낌보다는 불안이 찾아온다. 그들 내면의 불안감이나 그림자를 투사하기 때문이다. 상대를 깎아내리거나 무시하면서 힘의 균형을 깨면 상대는 자신이 점점 작아지는 느낌을 받게 된다. 이때 비정

상적 관계임을 감지하고 그들에게서 빠져나오려고 해도 쉽지 않다. 바로 첫 만남에서의 그 강렬함이 쉽게 잊혀지지 않기 때문이다. 보통의 이별은 시간이 지나면 잊혀지지만, 그들과의 이별은 감정이 복잡해지고 고통이 깊어진다. 상대를 심리적 혼란에 빠뜨리는 심리적 조작으로 통제를 지속하기 때문이다. 이 방식은 뇌에 일종의 중독 반응을 일으킨다. 황야의 마녀가 느낀 중독과 비슷한 현상이다. 자신을 잃지 않기 위해 이 감정의 중독에서 벗어나 회복되려면, 무의식이라는 그림자에서 의식으로 깨어나야 하는 자기 인식의 고통이 따라온다.

그들은 자신의 공허를 상대에게 투사해왔기 때문에 상대는 그 공백을 메워주는 역할을 했을 가능성이 크다. 이제 자기 소멸의 관계를 끊어내고 온전히 자신에게 집중해야 할 필요가 있다. 그들과의 관계는 그만큼 감정적·심리적 흔적을 남기기 때문에 다시는 그 관계에 빠지지 않기 위해 감정보다는 행동 패턴과 심리 조작에 대해서도 관찰이 필요하다. 특히 에코와 같이 공감 능력자들은 그들의 타깃이 되기 쉽기 때문에 자신이 얼마나 타인에게 공감하고 있는지도 알아야 한다. 관계의 심리학에서 마음은 열려 있어야 하지만, 경계 없이 다가오는 사람은 반드시 의식적으로 대처해야 마음의 상처를 받지 않는다. 내가 사랑한 사람이 내 영혼을 기다려온 하울이 아니라, 내 영혼을 갈취하는 나르시시스트라면 그 배신감은 이루 말할 수 없을 것이다. 진심은 밑 빠진 항아리에 물을 채우듯 소모적인 관계로 빠져나갈 것이기 때문이다.

그들과의 손절은 생각보다 쉽지 않다. 카를 융이 말한 동시성을 경험한 이들은 운명이라는 착각 때문에 그 관계를 끝내기가 더욱 더 쉽지 않다. 동시성이란 두 가지 사건이 동시에 일어나지만 인과관계로 설명될 수 없는 우연의 일치를 말하는데, 상대를 생각하고 있을 때 갑자기 전화가 온다든가 하는 일상의 경우들을 생각하면 이해하기 쉽다. 내면의 심리적 상태(무의식)와 외부 사건이 상징적으로 맞아떨어질 때 동시성이 성립한다고 하는데, 카를 융의 경험처럼 나 역시 지속적인 동시성을 경험하면서 내 무의식의 세계를 확대할 수 있었다.

또한 오랜 관계 속에서 심리적으로 생긴 애착 때문에 힘들어지는 경우가 많을 것이다. 그동안 쌓인 정서적 연결이라는 복잡한 감정이 얽히기 때문에 관계를 힘들게 한다. 이때 일관된 관계를 유지하지 못하는 그들의 특성은 러브 바밍, 자존심 깎아내리기, 버려둠이라는 세 가지 패턴을 반복하며 상대를 집착하게 만든다. 통제의 달인답게 감정의 무기화를 통해 보이지 않는 조종으로 상대에게 혼란을 주지만, 이는 상대에 대한 감정 때문에 생기는 것이 아니라 자기 연민에 빠져서 생기는 것임을 알아야 한다. 그만큼 그들의 연기는 정교하다. 문제는 사랑을 구걸하게 되면서 자존감이 흔들린다는 데 있다. 마침표를 숨기고 희망고문을 던져 상대를 그 자리에 묶어놓는 이유는 자신의 빈자리를 채울 영원한 관객이 필요하기 때문이다. 이때 그들의 뜻대로 되지 않으면 그들 자신이 상처를 입게 되는데, 이를 '나르시시즘적 손상(Narcissistic Injury)'이라고 한다. 그들에게 받은 영혼의 상처에 대해 온전한 자존감을 회복하려면, 모든 소통의 경로를 차단하고 더 이상 감정적 반응을 하지 않는 완전 단절(No Contact)이 필요할 수도 있다.

처음에 자신을 인식하지 못한 무의식 상태의 소피도 하울의 강렬함에 빠져 더러운 성을 청소하면서 스스로 자존감을 낮추었지만, 하울의 나르시시스트적 성향에 단호히 맞서 자기 주장을 하면서부

터는 자기 자신을 찾기 시작했다. 그렇게 자신을 잃
지 않고 자신의 그림자까지 알게 되면서 하울의 비
정상적 상태를 원상 복구 상태로 돌려놓으며 진정
한 자신의 힘을 찾게 되었다.

그림자라는 내 안의 또 다른 나

카를 융에 의하면, 인간의 내면은 의식적 자아
(ego)와 그림자라고 부르는 억압된 자아와의 정체성
충돌이라고 설명했다. 내가 나라고 믿는 자기는 사
실 세상에 보여주기 위해, 타인에게 사랑받기 위해,
이 사회에서 살아남기 위해 만들어진 가면 즉 페르
소나일 뿐이다. 오히려 가면 뒤에 숨기고 싶은, 애
써 외면하는 또 다른 내가 존재하는데, 그것을 그림
자라고 불렀다. 이 그림자는 나르시시즘적 심리 기
제의 사람들에게 무겁고 견딜 수 없는 짐이 된다.
마치 하울이 숨어 있던 어둡고 냄새나는 비밀의 방

처럼 그들의 그림자 안에는 깊은 열등감, 무가치하다는 두려움, 감정적 공허함이 숨어 있다. 물론 그림자의 긍정적 영향도 있지만, 이 그림자를 마주하기 두려워할 때 그들은 이러한 감정을 스스로 해결하지 않고 자신의 그림자를 타인에게 투사하는 방어기제를 진행한다. 이 그림자가 투사되면 온갖 어두운 감정을 타인에게 떠넘기기 때문에 상대는 감정 쓰레기통으로 전락해버린다. 상대에게 자신의 잘못을 전가하는 행위도 이와 같은 그림자 투사에서 일어난다. 더군다나 모든 것을 상대 탓으로 돌린 채 비겁하게 도망가는 그들의 행위는 상대에게 상처를 주기 위한 의도적 행동에서 비롯된다. 그들이 설계한 심리적 미로에 갇히면, 상대는 억울함으로 자신의 것이 아닌 그의 어두운 감정을 돌려주려는 무의식적 저항을 하는데, 이 미로 속에서 지독한 집착에 빠지면 사랑의 환상에 대한 종말을 경험한다.

공감 능력자인 소피에게도 그림자라는 억압된 마음이 있다. 설리먼에 의해 마법의 힘을 빼앗겨 함께 살게 된 황야의 마녀에게 소피는 젊은 하울을 사랑하는 자신의 마음이 무엇인지 묻는다. 황야의 마녀는 여자는 나이가 들어도 사랑을 꿈꾸는 소녀라며 소피를 위로한다. 노파 소피의 입장에서는 젊은 하울을 사랑하는 그 마음이 보여줄 수 없는 그림자였던 것이다. 이러한 감정은 결코 부정적인 것은 아니다. 빛은 언제나 그림자를 드리운다. 문제는 이 빛과 그림자의 통합이 중요하다는 것이다. 과연 노파 소피는 소녀 소피와 어떻게 연결되어 자신의 그림자를 통합할 수 있을까?

소피의 그림자는 황야의 마녀가 소피에게 마법의 저주를 거는 모자 가게에서 일어난다. 하울을 만나 왈츠의 추억을 간직한 소피는 그 감정이 무엇인지 알지 못한 채 모자 가게로 돌아온다. 그리고

영업이 끝난 모자 가게를 느닷없이 방문한 황야의
마녀는 소피의 말투가 무례하다는 이유로 소피에
게 두 팔을 펼쳐 어두운 그림자를 덧씌운다. 정적
이 흐른 후 고개를 들어 거울을 보았을 때, 소피는
소녀에서 노파로 변해 있는 자신을 발견한다. 바로
소피의 '억압된 마음의 그림자'를 보여주기 위한
장면이었다. 하울의 강렬함에 끌린 소피는 비록 노
파로 변하는 저주에 걸렸을지라도 그를 잊지 못하
는 자신을 알게 되면서 비로소 '자기 안의 그림자'
와 정면으로 마주하게 되고 하울의 성을 향해 길을
떠난다.

나르시시스트 성향의 하울은 매력적이지만, 여성
에게는 힘든 상대이다. 지나친 자기애는 말 그대로
타인의 존재가 비집고 들어갈 틈이 없다. 오직 자기
중심적으로 살아가는 그들에게 타인, 특히 여성의
존재는 더욱 그렇다. 남성중심 사회에서 남성우월

주의에다가 자기중심주의까지 더하면 거의 제왕적 권력을 추구하게 된다.

평소 수동적이고 자존감 낮은 소피는 청소부를 자처하면서 하울의 성에 머물게 되고, 더러운 성을 청소하면서 적극적으로 변모하게 된다. 단순한 집안 일을 넘어 하울의 복잡하고 혼란스러운 내면도 정리하고 치유해주는데, 이때 소피는 청소를 통해 자신의 목적의식과 자신감을 얻게 되면서 삶의 주도권을 되찾아온다. 심리적 무질서를 시각화한 이 장면은 하울이 만든 환상의 안개 속에서 길을 잃지 않고 무엇이 오물이고, 무엇이 진실인지 구별해내는 명료한 시선을 얻는 과정을 보여준다.

헌신적인 노파 소피가 자신의 아름다움과 재능 뒤에 숨은 나약한 영혼의 젊은 하울을 사랑한다면, 심리적으로 어떤 상황이 벌어질까? 처음에 하울은 소피의 깊고 희생적인 사랑을 보며 구원을 느꼈을 것이다. '세상에 이런 순수한 사랑이 있구나'라고 생각할 수 있지만, 이내 경계심을 가졌을 것이다. 왜냐하면 공감 능력이 있는 성숙한 영혼은 그의 비겁함과 가짜 가면을 너무나 정확히 꿰뚫어보기 때문이다. 하울에게 진실한 사랑은 축복인 동시에 자신의 연약함을 드러내는 일인 것이다. 소피가 사랑하면 할수록 하울은 비밀의 방에 숨어서 나약한 모습을 보이며 자신이 얼마나 초라한지 숨죽이고 있기도 한다.

빛과 그림자의 통합

심장(마음)이 없는 하울은 스스로 감정을 생산하지 못하고 타인과 정서적으로 교감할 수 없음을 의미한다. 나르시시스트 성향의 하울은 소피의 뜨겁고 순수한 에너지를 빨아들여 자신의 마법을 유지해줄 연료나 이익을 위해 사용한다. 한편 하울을 사랑하게 된 소피에게 하울이 누구인지는 중요하지 않다. 하울이 나르시시스트든 괴물이든 그 어떤 존재든 소피에게는 그냥 사랑하는 하울일 뿐이다. 자신의 그림자를 인식한 소피는 비로소 하울의 고통을 바라본다. 하울에게 덧씌어진 저주를 풀기 위해 그의 문제를 자신의 문제처럼 받아들인다. 다행히 하울도 소피의 진심을 뒤늦게 알고 설리먼이 있는 궁으로 소피를 구하러 간다. 설리먼의 마법으로부터 빠져나오는 과정에서 반지를 건네주는 장면은 하울이 소피에게 자신의 마음을 표현하는 장면이다. 그리고 자신에게 지켜야 할 사람이 생겼다며, 그건 바로 소피라고 말해준다. 이제 하울은 설리먼과의 대결에서 피하지 않겠다며 소피를 지키기 위해 용감하게 날아오른다. 결국 하울과 소피는 자신이 해야 할 일이 무엇인지 알게 되면서 자기 안의 그림자를 통합했다. 자기밖에 모르던 하울은 괴물로 변하면 인간으로 돌아올 수 없음을 알게 되면서 자신의 잃어버린 마음을 인식했고, 소피는 외모는 노파이지만 마음은 하울을 사랑하는 소녀임을 인식함으로써 자기 안의 빛과 그림자를 통합하여 온전한 모습으로 돌아올 수 있었다.

하지만 마법의 시간이 아니라 현실에서 그들이 만났다면 어떤 이유에서일까? 공감 능력자인 소피에게 하울은 그림자이며, 나르시시스트 성향의 하울에게 소피는 빛이다. 빛과 그림자로 서로를 반영한다. 나르시시즘적 나르시시스트와 에코이즘적 에코이스트의 만남은 서로의 존재 가치를 확인하기 위한 의식처럼 느껴진다.

아직 자신을 의식하지 못하는 소피는 두려움 없이 사랑하려는 능력을 가지고 있지만, 하울은 나르시시즘적 심리 기제로 자기만을 생각한다. 자신을 의식하기 전 소피는 먼저 하울의 고통을 느끼고 치유하려는 과정에서 그를 사랑하게 되지만, 하울은 치유 받기를 원하지 않고 감정적 공급만을 원하게 된다. 소피가 지저분한 성을 청소하는 것은 사랑의 감정으로 인한 노동이지만, 하울은 소피의 노동을 통해 휴식하며 감정적 동력을 원할 뿐이다.

나르시시스트는 거짓된 자아 뒤에 숨고, 공감 능력자는 희생을 통해 사랑을 얻으려 한다. 그런 관계에서는 한 쪽은 끝없이 주게 되고, 다른 한 쪽은 받기만 하는 불균형이 생긴다. 이러한 불균형을 의식하게 되면, 소피의 입장에서는 환상이 깨지면서 배신감을 느낀다. 왜 하울을 편하게 하기 위해 자신을 배신하는지에 대한 의식이 깨어난다. 그 순간 소피는 하울에게로 향하던 에너지를 거두어들이고 자신의 내면으로 집중하게 되면서 두 사람 사이에 갈등이 유발된다. 하지만 이러한 갈등이야말로 소피가 자신의 빛과 그림자를 통합해 가는 과정일 뿐이다.

소피가 나르시시즘적 심리 기제에서 받은 감정적 상처로부터 내면의 상처를 치유하고 자존감을 세울 때 비로소 건강한 경계를 세울 수 있고, 새로운 관계로 나갈 수 있다. 물론 에코이스트이자 공감 능력자로서 소피도 더 이상 하울을 치유하겠다는 생각은 버려야 한다. 자신의 문제는 스스로 해결해야지 공감 능력자가 치유해줄 수 있는 것이 아니다. 소피가 여기에 생각이 미치면 비로소 주체적인 관계를 만들어 갈 수 있다. 타인의 문제를 자신의 문제로 가져와 죄책감이나 의무감에 빠지는 것을 공감 능력자는 가장 경계해야 한다. 그러한 취약점이 나르시시스트로 하여금 공감 능력자와 연결되게 하는 지점이기도 하니 말이다.

꼭두각시의 조종과 통제

나르시시스트는 잘 짜여진 연극 무대에 선 배우

와 같이 행동한다. 그들은 관객을 교류의 대상으로 생각하지 않고 자신을 찬미하고 숭배하는 대상으로 간주한다. 그래서 가장 먼저 관객을 향한 교묘한 조종에 들어간다. 일종의 보이지 않는 실로 춤을 추게 하는 꼭두각시의 조종자처럼. 먼저 "나는 상처 받은 존재이고 너만이 나를 이해해" 또는 "너를 구원해 줄게"와 같은 말로 상대에게 구원자 환상을 심어준다. 이 조종이 심리적 유혹이라면, 통제는 구체적인 경계 침범이다. 자신의 서사에 맞게 방향을 설정한 후 상대의 시간과 에너지를 자신의 입맛에 맞게 통제함으로써 상대를 꼼짝 못하게 자신의 감옥 안에 가두어둔다.

그들이 이러한 조종과 통제를 보이지 않게 실행하는 목적은 바로 상대를 지배하기 위한 것이다. "내가 없으면 너의 서사도 없다"는 식으로 가스라이팅을 통해 상대의 존재 가치를 그의 존재 여부와 결부시켜버린다. 지배가 완성되면 상대는 착취당하면서도 미안함을 느끼거나, 그가 떠날까 봐 두려워하게 된다. 그 지배의 마지막 단계는 영혼이 그의 부속품이자 장식품으로 전락한다는 데 있다. 그들은 개선장군처럼 무대에 오르고, 그들의 관객은 영혼 없는 꼭두각시가 되어 앉아 있다. 이것이 그들의 연극 무대이다.

꼭두각시는 처음에는 이 통제 시스템의 의미를 모른다. 줄이 끊어지고 연극이 끝났을 때, 비로소 자신이 연극 무대 위 꼭두각시였음을 알게 되는 것이다. 조종과 통제가 잔인한 이유는, 꼭두각시는 인격체가 아니라 조종자의 서사를 빛내주는 연극 소품 정도로 취급되기 때문이다.

하울은 권력을 위해 불의 악마 캘시퍼에게 자신의 심장을 내어주어도 좋다고 선택한 인물이다. 세상은 권력에 의해 움직이고, 권력을 가진 자가 자유롭다고 생각하기에 권력을 향한 하울의 선택은 자유롭기 위한 수단이었다. 하지만 전쟁이 난무하는 세상에서 하울이 선택한 자유는 결코 평화롭지 않았다. 타인의 감정과 의지와는 상관없이 자신만의 권력과 자유를 추구하는 나르시시스트는 자신만을 위한 권력, 자신만을 위한 자유 등 오직 자기애만으로 겹겹이 쓰고 있는 페르소나를 내세우며 자신의 본래 얼굴을 잃어간다. 하울도 전쟁이 깊어질수록 본래 자신의 모습이 아닌 괴물로 변해감을 점점 느끼게 된다.

심장이 없는 하울에게 심장을 찾아주는 소피의 사랑이 성공할 수만 있다면, 세상은 영화와 같이 해피엔딩일 것이다. 하지만 소피의 사랑은 현실에서는 그들의 자기애를 강화시켜주는 수단으로 이용되기 쉽다. 자기애를 권력 기반으로 한 그들이 스스로 무너지기를 자처하는 사랑의 환상을 선택할 이유는 만무하기 때문이다. 그런 점에서 하울이 나약함의 도피처였던 자신의 성을 기꺼이 포기하면서까지 소피와의 사랑을 지키려고 한 것은 스스로를 구원한 결말을 보여준다. 하울이 심장을 되찾는 과정에서 잔인한 파괴와 새로운 건설이 뒤따르는 또 다른 모험이 있었던 것이다.

사랑은 조종과 통제와 지배로 만들어지지 않는다. 조종과 통제와 지배는 억압과 착취의 구조를 낳을 뿐이다. 그러한 구조에서의 자발적 헌신도 자발적이라기보다는 심리적 가스라이팅을 통해 형성된 비대칭적 관계의 산물일 뿐이다.

그들에게 공감은 정서적 공명이 아니라 목적 달성을 위한 인지적 연기에 가깝다. 이는 심리적 기만의 한 형태인데, 공감 능력이 부족한 그들이 타인을 착취하고 상처 입히며 성취를 이루는 냉혹한 현실까지 동화적 판타지가 담아내기에는 한계가 있다.

그래서 소피가 하울에게 심장을 되찾아주는 설정의 판타지가 탄생한 것이다. 언제나 판타지는 아름답다. 결국 하울도 심장을 갖게 되자 무거움을 느끼면서 더 이상 하늘을 날아오르는 마법의 힘을 쓸 수 없게 되었다. 마법의 저주에서 풀려나 평범한 인간으로 회복한 것이다.

방어기제와 죄책감 빠져나오기

나르시시즘적 심리 기제의 사람들과의 관계에서는 많은 벽을 느끼게 된다. 너무나 매력적으로 다가와 본인의 필요에 의존한 피상적 관계를 맺거나, 조종하고 통제하려는 성향이 강한 그들은 진정한 사랑이나 상호 존중이 아닌 거래 관계에 능숙하다. 거래적 관계란 그들에게 필요한 순간에만 존재하는 도구로 이용되는 것을 말한다. 감정적 지지의 필요를 위해, 외로움의 해소를 위해, 그리고 자존감을 지탱하기 위한 전시용 페르소나로 상대를 활용하는 경우도 존재하는데, 이는 공허한 내면을 채우기 위한 고도화된 심리적 방어기제에 가깝다.

이때 얕은 애착을 느낀 그들로부터 상대가 이 관계에서 벗어나려 할 때 감정 조작 기술이 사용된다. 자신의 필요가 다해서, 또는 관계의 실패에 대해 스스로 관계를 끝낼 용기나 도덕적 책임을 지기 싫기 때문에 상대가 관계를 끊도록 보이지 않는 감정 조작을 하는 것이다. 상대가 격분해서 관계를 끝내도록 유도해 놓고는 정작 자신이 사랑에 상처 받은 비련의 주인공인 척 가면을 고쳐 쓰는데, 이는 자신의 이미지를 보전하면서 배신과 기만을 합리화하기 위한 것이다. 현실을 왜곡하고 회피하는 방식이다. 불안이나 갈등을 줄이기 위해 자아가 무의식적으로 사용하는 심리적 전략인 이 모든 위장술은 방어기제(Defence Mechanism)에서 작동하는 원리이고, 마법처럼 눈에 보이지 않는 조작의 기술이다.

나르시시즘적 심리 기제에서 방어기제는 단순히 자신을 보호하는 수단이 아니라 타인의 고통을 보지 않기 위한 기만의 그물망이라는 점에서 혼란스럽다. 자아 붕괴를 방어해야 하는 것이 최우선인 그들로서는 자신의 잘못을 빠져나가기 위해 서로 문제가 있다는 양비론으로 방어막을 미리 쳐놓기 때문에 죄책감을 느끼지 않는다. 그들에게 죄책감은 자신의 완벽함을 방해하는 불필요한 감정일 뿐이다. 이때 자신이 직면하기 거부하는 수치심을 상대에게 투사함으로써 평온을 되찾으려고 한다. 이 수치심은 자신의 완벽한 이미지를 망친 것에 대한 분노이다. 관계를 권력 관계로만 보는 그들은 자신보다 취약하다고 판단한 상대를 효용 가치가 다한 도구처럼 일방적으로 관계를 단절하기도 한다. 이 과정에서 상대는 심리적 붕괴를 겪지만, 그들은 아픔에 대한 공감 없이 도구를 버렸다고 생각할 뿐이다.

자존감과 자존심은 다른 것이다. 나르시시즘적 심리 기제의 사람들은 낮은 자존감 때문에 오히려 자존심을 내세운다. 어렸을 때 부모와의 관계에서 제대로 된 인정 욕구를 받지 못했다면 애정 결핍을 느끼게 되는데, 이는 낮은 자존감과도 연결된다. 수치심이라는 미궁 속으로 추방된 내면 아이는 상처로 인해 자신을 드러내지 못하고 여러 겹의 가면을 쓰고 살아간다. 어려서부터 형성된 이 감춰진 상처들은 자신의 가치를 스스로 믿지 못하게 하기에 끊임없이 타인의 관심과 애정을 요구하게 되고, 비판에 대해 예민하게 반응하고 분노하는 등 내면 아이와 함께 살아간다. 자존감이 높으면 있는 그대로의 자기를 사랑하면서 타인을 수용하는데, 자존감이 낮으면 텅 빈 내면 속에서 스스로를 지키기 위해 '자기애'라는 방어기제를 작동시키는 것이다.

무엇보다도 책임 소재가 역전되는 기묘한 역동이 일어나는 심리적 전략은 그들의 전형적인 방어기제 중 하나다. 이는 불안과 갈등에서 자아를 보호하기 위해 무의식적으로 사용하는 수단이다. 그들은 자신의 결점이나 잘못을 인정하는 데 극도의 어려움을 겪기 때문에 모든 결과를 상대의 책임으로 전가한다. 이때 모든 문제는 그들 내면에 자리 잡은 불안정성으로 말미암아 생기는 것임을 인식할 필요가 있다.

그들은 아무런 경계 없이 타인의 영역을 침범하는 점령군의 무례함으로 상대를 흔들 수 있다. 자신을 지킨다는 것은 외부 자극이나 타인의 영향력에 흔들리지 않고 존엄과 가치를 보호하는 행위다. 존중받지 못하는 관계에서는 거리두기를 하는 것이 필요하다. 거리두기와 침묵은 그들의 피해를 막기 위한 최소한의 방어막이다.

인간 관계의 기본은 상대에 대한 존중과 배려일 것이다. 하지만 그들은 화려한 가면을 쓰고 상대를 기만하는데, 이 기만은 단순히 거짓말을 하는 수준이 아니라 자신의 텅 빈 내면을 감추기 위해 쌓는 성벽과 같다. 결국 그들의 본질은 자신의 그림자를 지우기 위해 기만이라는 혼란의 씨앗을 뿌려 환상이라는 꽃을 피우고, 결국 상대에게 환멸이라는 재만 남긴 채 떠나는 파괴의 순환 과정을 무한 반복하는 것이다. 이별 후 상처를 치유하는 과정은 회복력에 초점을 맞춘다. 공감 능력이 뛰어난 사람들이 특히 상처를 받는 경우가 많기 때문에 그 공감 능력자들에 대한 치유는 제일 중요하다.

일본에서 15세기경 시작된 '킨츠기(Kintsugi, 금으로 잇다)'라는 전통 공예 기법이 있다. 깨진 조각을 옻칠로 붙인 후 금으로 이어서 오히려 더 아름답고 특별하게 만드는 과정을 말한다. 완성된 후에는 금빛 상처가 더 빛나고 아름다운 그릇으로 재탄생하는 것이다. 깨짐을 숨기기보다 오히려 있는 그대로 받아들이는 경향은 킨츠기 철학의 핵심이 되었고, 자연미를 추구하는 일본 미학으로 자리 잡았다.

깨진 도자기를 되돌릴 수 없듯이, 마음의 상처도 사라지는 게 아니라 그 사람의 마음 깊숙한 곳에 흔적으로 남는다. 훼손된 순수성을 원래의 상태로 되돌릴 수는 없지만, 상처를 인정하고 깨진 조각을 하나하나 이어붙이듯이 자신의 흩어진 상처를 모아 어루만져주는 것이 필요하다. 가벼운 말로 위로하기보다 훼손된 순수성을 가치 있는 금으로 메워 더 강하고 아름다운 자신을 만드는 과정은 트라우마 치유나 자기 성장의 거름이 될 수 있다. 이렇듯 킨츠기는 인간의 결함을 아름답게 안아주는 철학이면서 현대 심리학에서 말하는 회복력(Resilience)과 연결지어진다.

거울이 항상 나르시시스트를 위해 숭배되어야 한다면, 상업적으로 설계된 현대 대중문화산업에서 이 거울은 곧 팬덤이 된다. 스타와 팬들을 중심으로 돌아가는 대중문화 시스템의 밑바탕에는 강한 자기애적 성향과 이미지에 대한 집착이 자리 잡고 있다. 이 시스템은 스타를 완벽하게 포장된 이미지로 만들고, 팬들의 감정 에너지를 지속적으로 공급원으로 삼으며, 서로를 강화한다.

오늘날 대중문화 시스템이 왜 에코이스트 소피와 같은 10대, 20대 소녀들을 주요 타킷으로 하는가? 순수한 로맨스를 꿈꾸는 소녀들은 사랑하는 이에게 언제나 순종해야 한다는 것을 암묵적으로 배워왔고, 이러한 마음은 자본의 타깃이 되기 쉽다. 소녀들의 마음을 사로잡으면 손쉽게 감정적 착취에 몰입하게 만든 후 조종할 수 있기 때문이다. 이러한 구조 속에서 "지금 나를 위해 기도해", "내가 너의 우상이 되어줄게", "내게 마음을 주었으니 네 영혼을 가지러 왔어"와 같은 메시지를 통해 소녀들을 유혹하고 열광시킨다. 아름다움으로 포장된 이 유혹은 때로는 영혼을 난파시키는 치명적인 힘을 발휘한다. 마음을 주면 영혼을 가지고 가겠다고 하는데도 소녀들은 그 의미의 심각성을 제대로 알지 못한 채 머릿속에서 메시지와 이미지를 반복 재생하며 우상화한다. 이것은 대중문화산업이 감정적 착취와 통제를 기만적으로 운영하는 전형적인 메커니즘이다.

팬들의 지지를 자신의 생존 동력으로 설정하게 되면, 팬덤은 곧 상업적 나르시시스트의 성이자 자본이 된다. 그들에게 팬덤은 거대한 거울의 방이고, 소녀팬들의 눈동자에 비친 자신의 완벽한 모습만을 감상하며 자기애를 팽창시킨다. 결국 그들은 팬들을 자신의 완벽한 이미지를 유지하기 위한 반사판으로만 대하기 때문에 하울처럼 내면이 결핍된 그들에게 건강한 비판이나 비평이 허용되지 않는 팬덤은 끝없는 자기 확인과 숭배의 장이 될 뿐이다.

현대 대중문화 시스템 속에서 팬덤은 스타를 움직이는 거대한 동력이며, 이 메커니즘 자체를 부정할 수는 없다. 스타 없는 팬덤은 존재할 수 없고, 팬덤의 헌신은 산업을 지탱하는 근간이기도 하다. 다만 정상적인 시스템에서라면 이러한 팬덤을 존중하는 입장에서 성숙하게 관리하지만, 강한 자기애적 성향을 가진 경우에는 오직 자신의 비대해진 자아를 유지하려는 방향으로 시스템을 활용하기 쉽다.

소녀팬들의 열광 속에 존재하는 상업적 메커니즘은 유사 연애, 감정 노동의 함정에 빠진 팬들에게 정서적 빨대를 꽂고 이윤을 챙기는 구조이기 때문에, 어느덧 이러한 시스템 속에 갇힌 소녀팬들은 에너지 고갈과 함께 얄팍해진 지갑을 목격하게 된다. 소녀들의 심장이 위험한 지점이다. 심장이 없는 하울이 예쁜 여자의 심장을 먹는다는 괴소문이 퍼지는 이유이기도 하다.

소녀팬들 입장에서는 스타를 한 명의 인간으로서 아끼고 존중했는데, 스타를 향한 진심이 돈이나 상업적 이득으로 바뀌는 과정에서 팬들의 순수성은 훼손되고, 인간적 신뢰도 손상된다. 팬들은 내 스타의 서사를 함께 쓰며 감정을 공유한다고 믿지만, 부조리한 상업적 시스템 안에서 팬들은 대체 가능한 숫자로 취급받는 경우가 많다. 이 괴리를 목격하는 순간 환멸과 허무감과 상실감이 몰려온다.

상업적 나르시시스트와 팬덤은 자본주의 엔터테인먼트 산업이 만들어낸 상호 강화를 통해 유지되지만, 과도한 상업성의 중심에는 타인과의 진실한 연결 대신 연출된 이미지 반사만이 남는다. 그 공허한 투사를 사랑이라고 부를 수 없다. 그것은 감정적 자본의 착취가 일어나는 일방적 관계일 뿐이다. 그래서 심리학적 메커니즘 단계에서 상업적 나르시시스트의 자기애도 착취로 귀결되는 순환 과정 속에서 맴돌게 된다.

고대 그리스 철학자 플라톤의 '동굴의 비유'는 철학적 우화로 유명한데, 진짜와 가짜를 구별하지 못하는 그림자 세계 속 인간의 이야기이다.

어떤 동굴에 벽만 바라볼 수 있도록 사슬에 묶여 있는 죄수들이 있었다. 그들 뒤에서 횃불을 켠 누군가가 물건을 가지고 지나가면 동굴 벽에는 그림자가 생기게 되는데, 사람들은 그 그림자가 진짜 실체라고 믿고 있었다. 그런데 어느 날 한 사람이 우연히 사슬에서 풀려나 동굴 밖으로 나갈 수 있게 되었다. 그는 처음으로 사물의 실제 모습을 보았고, 자신이 지금까지 바라보고 살아온 것은 진짜가 아니라 그림자였다는 것을 깨닫게 된다.

플라톤은 동굴 밖에서 진실을 본 사람이 다시 동굴로 돌아와 동료들에게 "그것은 가짜다"라고 말하면, 죄수들은 오히려 그를 미쳤다고 비웃으며 죽이려 들 것이라고 했다. 동료들에게 동굴 밖에 진짜 세계가 있다고 말해주어도 아무도 믿지 않는다는 것이다. 오히려 동굴 밖은 위험한 곳이라며 나가기를 거부할 뿐 아니라, 진실을 말해주는 사람을 핍박하기까지 한다는 이야기이다.

플라톤은 지금 우리의 상태가 동굴 속에 갇혀 사물의 그림자만 보고 살다 죽는 사람들과 같은 처지라고 말한다. 우리가 알지 못하는 시스템의 부속품이 되어 가공되고 편집된 이미지의 가짜 세계를 전체라고 착각한다면, 플라톤이 경고한 그림자의 세계에 자신의 영혼을 맡기고 영원히 죄수처럼 사는 일일 것이다.

소피, 하울이 너를 사랑한다는 환상을 버려.
그는 너라는 거울을 통해 자신을 사랑할 뿐이야.
그의 내면을 청소해 주는 동안
그는 너를 위해 도대체 무슨 노력을 했지?

4
환상을
깨고 나온
권력

☀ 평범한 소녀의 자기 인식

마법사 하울의 매력은 거부할 수 없다. 소피도, 황야의 마녀도, 설리먼도 하울을 자신의 곁에 두려고 모든 에너지를 쓰게 된다. 하울의 권력과 그 권력을 향한 여성들의 이야기로 읽히는 점은 흥미로운 상상이다. 연민과 자책이라는 소피의 단계, 집착과 분노라는 마녀의 단계, 통제와 지성이라는 설리먼의 단계는 하울의 미로에 갇힌 여성들이 겪게 되는 필연적인 심리의 단계들로 보인다.

자신이 무엇을 원하는지, 앞으로 무엇이 되고 싶은지, 그래서 지금 무엇을 준비해야 하는지도 모른 채 너무나 무감각하게 현실을 버티고 살아가는 소피에게 동생은 자신의 미래는 스스로 결정하라고 충고해준다. 자신을 찾지 못한 채 일상에 매여 있는 소녀들의 모습과 닮아 있다.

그러던 어느 날, 하울과의 만남은 소피의 인생을 송두리째 바꿔놓는다. 자신이 무엇을 원하는지도 모르던 소피의 무의식은 비로소 깨어나기 시작한다. 하울에게 맞서 외모가 중요하지 않다며 자기 주장을 하는가 하면, 전쟁을 끝내기 위해 기꺼이 설리먼과의 면담을 승인하는 등 자기만의 생각과 의식으로 세상과 맞서기 시작한다. 소피가 자기 주장을 하고 사랑에 솔직해질 때마다 노파 소피는 중년의 여인이 되었다가 소녀 소피로 변해간다. 이제 노파 소피나 중년의 소피나 소녀 소피의 나이는 중요하지 않다. 존재가 가진 내면의 의식이야말로 바로 그 자신이기 때문이다. 무의식 속에서 일상을 살던 소피는 이제 자기만의 시선을 통해 의식적 행동으로 자신을 이끌어가면서 한 명의 여성으로 성장하게 된다.

하지만 무의식에서 의식으로 깨어난다는 것은 자신의 그림자를 마주해야 하는 어려움이 있다. 그림자는 우리가 인정하고 싶지 않은 욕망, 두려움, 약점 등의 집합체이다. 카를 융은 성장하면서 사회나 타인의 기대에 맞추면서 자신의 숨겨진 성향, 감정, 욕구가 무의식 속에 쌓여 그림자가 형성된다고 보았다. 그리고 이 그림자를 인정하지 않을수록 그림자는 관계나 감정 문제로 다시 드러날 수 있다는 것이다. 그래서 모든 내면을 받아들이는 자기 통합이 자기 인식의 핵심이라고 했다. 우리 내면의 부끄러운 면들을 들여다보기에 용기가 나지 않을 때 신화가 필요하다. 다양한 욕망의 어지러운 이야기들이 신화 속에 생생히 그려져 있기 때문이다. 인간 무의식의 집합체인 신화는 우리를 의식으로 이끄는 역할을 할 수 있다. 소피가 신화 속 에코 상태에 머물렀다면, 사랑하는 이를 앞에 두고도 사랑을 고백하지 못하고 메아리만 남긴 채 사라져버렸을 것이다. 하지만 자신의 그림자를 본 소피는 자기의 말을 하기 시작하면서 자기 인식을 하는 당당한 여성이 되었다.

진실을 알기에 제거된 마녀

하울을 향한 마음을 접지 못하는 또 다른 여성은 황야의 마녀다. 하울과 황야의 마녀와의 관계는 하울의 한 마디 말로 요약되어 있다. 과거 재미있을 것 같아 만났다가 어느 순간 무서워서 피하게 되었다는 것이다. 당시 나르시시스트로서 하울은 황야의 마녀를 이용한 후 부담스러워지자 냉정하게 버렸을 것이다. 버려졌음을 인정하게 되면 집착의 메커니즘에 갇히게 되는데, 황야의 마녀는 중독된 자아의 모습을 처참하게 보여준다. 설리먼에 의해 모든 힘을 빼앗기고 노인이 되어 하울의 성에 얹혀 지내는 처지가 되었음에도, 여전히 하울의 심장을 가지겠다는 강한 집착에 사로잡혀 있다.

권력 있는 남성을 얻기 위해 그의 마음(심장)을 가지겠다는 소유욕은 여성 내면의 또 다른 모습이다. 왜 그토록 많은 여성이 남성의 권력과 부에 집착하는가. 그 남성을 소유하기 위해, 그의 마음에 들기 위해 얼마나 많은 자기 속임수와 기만에 사로잡히는가. 그리고 사회는 오히려 그런 여성들의 속임수와 기만을 더 잘 받아들이기도 한다.

인류 역사는 남성중심의 가부장제도 아래에서 흘러왔고, 신화나 집단 무의식은 기본적으로 남성 사회의 시각을 반영한 것이다. 이 사회는 남성의 허영과 자기애를 능력이나 카리스마로 포장해준다. 하울이 텅 빈 내면을 가진 채 겉모습에만 집착해도 설리먼처럼 시스템은 그를 유용한 도구로 대접해준다. 반면 남성성을 추종하거나, 혹은 그 경쟁 구도에서 밀려난 여성은 탐욕스러운 마녀나 쓸모없는 노인으로 낙인 찍혀 비극적 최후를 맞이하는 것이 여성 역사의 한 장이다.

황야의 마녀가 하울의 심장에 집착하게 된 근본적인 배경에는 여성의 가치를 '누구의 선택을 받느냐'로 결정짓는 나르시시즘적 남성사회 구조가 있다. 이 나르시시즘 남성사회는 소녀팬들의 팬심과 감정적 착취를 먹고 자라는 상업적 나르시시스트처럼 여성의 에너지를 갈취하여 자신만의 성을 높이 쌓지만, 정작 그 성 안에는 여성의 자리가 없다. 그것은 그 사회가 여성을 동료나 인격체가 아닌, 단지 성 유지를 위한 저렴한 부속품으로 보고 있다는 증

거가 된다. 여성은 철저히 결과물에서 소외된다.

고대 시대에는 여신으로 추앙 받던 여성들이 남성 중심 사회와 기독교 문화가 팽배해지는 중세 시대부터 억압과 탄압을 받았다. 치유자로서 마법을 쓰던 여성들이 기독교의 세계관과 부딪히면서 악마와 결부된 것이다. 결국 자신들의 권력과 체제를 구축하려는 종교적·정치적 세력은 이러한 여성들에게 마녀라는 낙인을 찍어 대대적인 마녀사냥과 마녀재판으로 여성들을 잔혹하게 제거하였다. 나르시시스트가 투사를 통해 상대에게 죄를 뒤집어씌우듯이, 나르시시즘적 남성중심 사회는 자신들의 권력에 도전하는 여성을 마녀로 몰아갔다. 그렇게 해서 마녀는 남성중심 사회에서 피해야만 하는 여성이 되었다.

종종 사회적 스캔들의 대상이 된 여성들을 마녀사냥하는 것도 남성들이 자신들의 권력과 부를 탐하는 여성을 솎아내기 위한 그들만의 사냥법이다.

하지만 남성중심의 권력과 권위를 깨기 위해서는 때때로 마녀와 같은 힘이 필요할지도 모르겠다. 마녀사냥으로 희생된 여성들 중에는 남성중심 사회에 도전했다가 실패한 여성들도 있지만, 그녀들이야말로 여성 역사의 새로운 변화를 이끌어왔음을 기억해야 할 것이다.

황야의 마녀는 기존 남성 권력에 아부하며 기생하는 설리먼과 같은 여성이 아니다. 기존 남성 권력의 문제점을 알고 있는, 즉 진실을 알고 있는 여성이다. 하울에게 필요한 만큼 이용당한 후 비참한 모습으로만 남은 마녀지만, 이는 조롱거리가 아니라 누가 이 여성을 이렇게 괴물로 만들었는가 하는 질문을 던지고 있는 것이다.

권력과 타협한 여성

하울의 마법사 스승이었던 설리먼도 여성이다.

한 나라의 국왕도 좌지우지 할 정도로 막강한 권위
와 마법을 가진 실권자이다. 그녀는 감정보다는 효
율과 질서를 중시하며 시스템의 냉혹함을 보여주는
인물이다. 여성 캐릭터 중에서 가장 강하다. 하지만
그녀의 권력은 권력자와 타협하여 받은 일종의 보
상일 뿐이다. 국왕을 좌지우지하는 권력을 가지고
있음에도 자신의 손에 잡히지 않는 하울을 자신의
도구로 쓰려고 하지만, 자유를 추구하는 하울은 호
락호락하지 않다. 시종들을 하울의 어린 시절 모습
으로 변장시켜 부릴 정도로 하울에 대한 애착을 가
지고 있고 그의 재능을 높이 평가하고 있지만, 하울
이 자신의 재능만 믿고 교만함으로 악마와 손을 잡
았다고 분개한다. 스승으로서 마땅히 하울을 문책
해야 하고 그를 바른 길로 이끌어야 한다는 고루한
생각에 빠져 있다. 하지만 그 바른 길이라는 것이
하울에게 억압이라면, 과연 하울은 이를 용납할 것

인가. 한 마디로 하울은 권위에 대한 도전으로 설리
먼의 제안을 거절한다. 하울의 개성화가 뚜렷하게
나타나는 장면이 바로 설리먼과의 대면이다.

힘빼기와 내려놓기의 역설

소녀에서 노파를 대변하는 평범한 소피, 자신을
버린 하울에게 집착하는 황야의 마녀, 하울을 시스
템의 부속으로 쓰려는 설리먼. 이들 세 여성은 절대
손에 잡히지 않는 하울 때문에 마음이 상한다. 그녀
들은 하울에게 친절을 베풀고 배신당한 아픔이 있
는 여성들이다. 자신을 배신한 남성을 놓아버리면
쉽게 끝날 일을 그녀들은 각자의 방식으로 하울에
게 도전하는데, 인간 내면에 존재하는 욕망과 권력,
그리고 그것을 다루는 서로 다른 태도를 보여준다.
이 세 여성은 나르시시스트라는 거대한 폭풍 앞에
서 취할 수 있는 세 가지 생존 방식이자 성장의 단

계이기도 하다.

소피는 소녀에서 중년의 여성, 그리고 노파로 변화하면서 때로는 순수하게, 때로는 자기 주장을 하며. 때로는 잃을 게 없다는 마음으로 내려놓으면서 다양한 캐릭터의 모습을 연출한다. 반면 황야의 마녀는 하울의 몸이 아닌 심장만을 노린다. 그녀는 하울에게 중독되어 그를 소유하려다 결국 자기 자신을 잃어버린다. 나르시시스트 하울에게 정신적 착취를 당한 후 고갈된 자아의 처참함을 보여준다. 자신의 늙음을 역행하게 하는 젊은 남성의 심장은 그녀에게 부활의 의미이기도 하다. 설리먼은 자신의 영원한 왕국을 위해 하울의 재능과 능력이 필요하다. 감정 없이 이성의 오만함으로 자신의 왕국을 유지하려는 시스템 속 로봇과 같다.

그녀들은 모두 하울의 사랑과 젊음과 능력을 필요로 하지만, 우호적 관계에 있지 않다. 황야의 마녀는 소피에게 마법을 걸어 젊음을 늙음으로 바꿔 힘을 빼버린다. 설리먼 역시 황야의 마녀에게서 젊음을 빼앗아 초라한 노인으로 바꿔 힘을 빼버린다. 소피는 설리먼에게 저항함으로써 권위의 힘을 빼버린다. 하울을 얻기 위해 결국 여성들은 서로의 힘을 견제한다.

그런데 이렇게 힘빼기를 통해 그녀들이 도달한 것은 좌절과 패배라기보다는 궁극적으로 내면의 평화다. 결국 설리먼은 전쟁을 포기하고, 황야의 마녀는 집착을 내려놓고, 소피는 권력을 얻는다. 하지만 소피의 권력은 설리먼의 오만한 권력과는 다르다. 소피는 황야의 마녀를 비난하는 대신 그녀를 품어주고 돌봐준다. 남성중심 사회가 갈라치기 해놓은 여성 간의 혐오를 깨부수는 행위다.

또한 그녀들의 힘빼기와 내려놓기로 인해 하울은 전쟁에서 놓여나 평화와 사랑의 안식을 얻는다. 다시 심장이 뛰고 인간으로서의 따뜻한 마음을 갖게 된다. 하울의 성은 도피가 아닌 사랑으로 충만한 성으로 새롭게 재건된다. 결국 한 남성을 중심으로 한 여성 권력의 문제에서 소피의 사랑은 이 모든 문제를 해결하는 열쇠가 되었다.

하지만 대부분의 여성들은 사랑이라는 환상의 섬에서 말라간다. 하울이 소피에게 성을 청소하게 시키고 자신의 외모를 가꾸는 데만 몰두하듯, 여성들은 남성을 우쭈쭈 하며 소피처럼 집안일을 도맡아 하고, 문제가 생기면 발 벗고 나서서 해결하며, 가족을 위해 아낌없는 배려와 희생을 하면서 살아가는 것이 현실이다. 누군가의 희생으로 유지되는 평화는 평화가 아니다. 그것은 심리적 복종관계일 뿐이다. 그런 상황에서라면 소피는 하울에게 심장을 되찾아 주는 일에 목숨을 걸 것이 아니라, 하울에게 저당 잡힌 자신의 심장을 먼저 되찾아와야 한다. 자신의 저주를 풀기 위해 사랑이라는 환상을 버려야 한다. 환상의 끝에 왜 배신은 여성이 당하는가? 심장을 얻은 하울은 결코 아름다운 성에서 마법의 저주를 풀지 못한 늙은 노파와 살고 싶지 않을 것이다.

전쟁을 멈추게 한 설리먼의 권력이야말로 더 현실적이듯이, 극도의 이윤 추구를 위해 소녀들의 환상을 깬 기획사의 행태가 진실에 가까울 지경이다. 이익을 향한 그 권력의 힘이야말로 전쟁을 끝내게 하고, 팬덤으로부터 소녀들의 환상을 깨게 하는 바로미터이지 않은가. 기만과 환상의 회전목마 위에서 시스템이 만들어내는 사랑이라는 환상의 굴레를 탈출한 사람들은 더 이상 감정 착취를 당하는 노예로 돌아가지 않을 것이다. 플라톤의 동굴을 빠져나온 죄수는 다시는 어두운 동굴 안으로 자신을 밀어넣지 않을 것이다. 빛은 언제나 옳다.

소피, 자신의 이익을 위해 너의 감정을
조종하고 통제하는 것은 사랑이 아니야.
너의 감정을 착취해서
자신의 성을 쌓고 있는 것뿐이라구.

5
마음은
무거운 거야

어른이 된다는 것

어른이 된다는 것은 모든 어른들에게도 참 어려운 질문일 것이다. 단순히 나이를 먹는 것이 어른은 아니기 때문이다. 소녀에서 노파로 변한 소피가 모자 가게의 골방을 나와 하울의 성을 청소하면서 마침내 자신의 삶을 결정한 것은 내 삶의 '서사 권력'을 온전히 되찾아오는 과정에서 이루어졌다. 즉 내 이야기의 주인공은 내가 써내려간다는 주체성의 확립에서 시작한다. '그는 어떻게 생각할까', '그는 나를 선택할까', '그는 왜 그랬을까' 하는 식의 타인의 관점이나 반응이 아니라, '나는 부조리와 손잡는 게 싫다', '나는 존중하는 관계를 원한다', '나는 나의 길을 가겠다'라는 내 삶의 이야기를 내가 쓰겠다는 선택과 책임의 결정인 것이다.

선택과 책임을 회피하는 것은 어린아이의 태도와 같다. 어른이 된다는 것은 작든 크든 자신이 선택한 것에 책임지는 능력을 말한다. 하울의 회피성 성격은 전쟁을 싫어하면서도 정작 설리먼과의 협상을 피한다. 결국 소피에게 설리먼을 만나 협상하라고 등을 떠민다. 자기 기준이 없으니 선택과 책임을 질 수 없다. 하지만 지켜야 할 누군가가 생겼다는 것을 알게 되면서 하울은 그의 스승이자 권력자인 설리먼과의 마지막 대결을 피하지 않기로 한다. 어른으로 성장하는 대목이다.

하지만 설리먼과의 전쟁을 끝내기 위해 떠났던

하울은 괴물로 변한 채 만신창이가 되어 소피를 기다리고 있다. 괴물로 변하면 다시 인간으로 돌아오기 쉽지 않기에 빨리 하울의 심장을 되돌려놓아야 한다. 난파선이 된 판자에서는 황야의 마녀가 하울의 심장인 캘시퍼를 움켜쥐고 있다. 소피는 황야의 마녀를 설득해 물에 젖어 작게 숨을 쉬고 있는 캘시퍼를 돌려받아 하울의 몸 안으로 넣어준다. 하울이 심장을 되찾는 이 비현실적 장면으로 하울의 판타지와 소피의 서사가 완성되었다.

하울이 어른으로 성장하는 과정에서 소피 역시 많은 심리적 흔들림을 겪었다. 자신이 사랑하던 하울이 사실은 겁쟁이 나르시시스트이고, 자신 또한 그 환상을 유지하지 위해 공모했음을 직시해야 했다. 이제 소피는 하울이 자신을 구원해줄 구원자가 아니라는 냉혹한 현실을 받아들이고 견뎌야 했다. 나의 완벽한 왕자님이 머리 색깔이 엉망이라는 아

주 사소한 이유로도 무너지는 나약한 사람일 수 있
다는 현실을 받아들일 수 있을 때 구름 속에 가리워
진 허상이 사라지고 실체가 보이면서 비로소 어른
이 되는 것이다.

무거움과 가벼움이라는 마음의 무게

심장을 되찾은 하울의 첫 마디는 왜 이렇게 몸이
무겁냐는 질문이었다. 소피는 말한다.

"마음은 원래 무거운 거야."

불의 악마 캘시퍼에게 심장을 주고 마음 없이 산
하울이 심장을 되찾으면서 처음 느낀 것은 무거움
이었다. 새가 되어 하늘을 날 수 있는 가벼움의 저
주가 사라지자, 심장의 무게를 느끼는 마음이 회복
되었다. 이 한 마디는 마음이 무엇인지에 대해 성찰
하게 하는 질문이기도 하다. 보이지 않고 만져지지
도 않는 마음이 어떻게 무게가 있단 말인가? 마음

이란 가볍고 화려한 환상이 아니라, 때로는 델 것 같고 무거운 책임과 진실의 무게를 견디는 것이기 때문이다. 오해가 생기면 대화로 풀어야 하고, 상처를 주었을 때는 사과를 해야 하지만, 미성숙한 어린 아이에게는 이러한 마음의 무게가 없다.

세상이 점점 가벼워지는 것은 관계의 책임과 무거움보다는 배신과 공허함이라는 가벼움을 추구하는 경향과 맞물려 있기 때문이다. 하울은 매일 피비린내 나는 전쟁터에서 지쳐 돌아왔다. 사랑 없는 갈등과 대립적 삶은 한없는 가벼움을 찾는다. 무거움으로는 그 무게를 감당할 수 없기 때문이다. 하지만 마음은 무거워야 발이 땅이 닿고, 실제적 현실을 살 수 있다. 허상 위에 세워진 자신의 왕국은 언제든 무너질 수 있는 신기루일 뿐이다.

감정(마음)은 스위치처럼 켜고 끌 수 있는 게 아니다. 가지고 놀다가 싫증나 버리는 장난감도 아니다.

그래서 인간관계에서는 책임과 예의가 따라오고, 그것이 어른으로 성장하는 과정이다. 만약 소피가 하울이 자신을 사랑한 게 아니라 거울에 비친 하울 자신을 사랑했다는 잔인한 현실을 깨달았다면, 소피는 절대로 그에게 심장을 되찾아주는 모험은 하지 않았을 것이다. 또한 성숙한 소피가 하울의 완벽한 가면을 알아챘다면, 하울은 소피를 마주하고 싶지 않은 거울로 보았을 것이다.

누군가를 향한 마음을 갖는다는 것은 성공을 위한 수단이나 방편이 아닌 그 자체의 목적으로 바라보는 것이다. 하지만 나르시시스트는 상대를, 또는 상대의 감정을 도구화하여 자신의 이익을 취하기 때문에 착취의 메커니즘을 이용한다. 아이러니하게도 나르시시스트를 알고 나면 이 보이지 않는 착취의 메커니즘을 알게 된다는 것이다. 그래서 '꿈이었지만 꿈이 아니었다'는 말은, 무의식의 환상에서 깨어나 직시해야 할 현실을 의식하라는 뼈아픈 각성이었다. 무의식을 깨워 나만의 시선을 다시 갖기까지 자기 파괴적 집착이 일어나는 메커니즘의 원리도 알게 되었다. 순수성에 대한 기만은 순수성의 훼손에 대한 복구를 원하는 것이었다. 하지만 그들은 이러한 관계를 복구할 능력도 없고 상대의 존재 자체를 부정하기에 탈출만이 정답이 된다. 보통의 이별은 상실의 과정을 통해 자연스럽게 작별을 받아들이지만, 나르시시스트와의 이별은 갑자기 무너져 부서진 하울의 성처럼 거대한 환상 시스템의 붕괴를 초래한다.

소피와 하울의 운명적 얽힘은 교차로에서 일어났다. 소피는 지혜와 순수한 진심이라는 마음을 위해 상하 수직으로 깊이 운동을 하는 존재라면, 하울은 화려함과 냉혹함이라는 현실적 욕망을 위해 좌우 수평으로 확장 운동을 하는 존재였다. 수직과 수평이 만나는 교차점에서 두 사람이 운명처럼 얽혔다. 이 교차로에서의 충돌은 누구의 잘못이라기보다 서로 다른 궤도를 도는 행성들이 잠시 스쳐 지나가며 발생시킨 불가항력적인 폭풍우와 같았다. 그것은 몸과 마음에 대한 근본적 관점이 다른, 동양과 서양의 만남이 가져온 양보할 수 없는 가치관의 충돌과도 같았다. 소피와 하울은 생의 가장 뜨거운 지점에서 만났으나, 그곳은 머무르는 곳이 아니라 통과해야 하는 교차로였음을 보여주는 것이다.

인문학자 파커 파머(Parker Palmer)는 "마음은 부서져서 열린다"라고 했다. 마음이 부서진다는 것은 거울이 깨지는 것과 같다. 나르시시스트와의 이별은 갇혀 있던 거울의 방에서 거울을 산산조각 내는 고통을 겪어야만 하고, 그 깨진 자리를 통과해야 하는 아픔이 따르게 된다. 그때 비로소 에코의 침묵을 깨고 자신의 목소리를 찾을 수 있다. 마지막에 후버

링(Hoovering: 진공청소기처럼 이별 후 상대를 다시 끌어들이려는 조작적 시도)이 시도되기도 하는데, 이는 죄책감이나 후회를 가장하여 자신의 서사를 완성하고 상대의 방어막을 무너뜨려 또 다른 환상에 묶어두려는 이유 때문이다. 이 지점에서 소피는 하울에게 되찾아준 심장은 자신의 심장이라는 사실을, 그가 자신을 사랑했다고 믿고 싶었던 환상이었음을 깨닫는 것이 무의식적 환상에서 현실적 의식으로 깨어나는 시작점일 것이다.

하울의 성이 무너질 수밖에 없었던 이유는 내면이 텅 빈 결핍된 영혼의 허약한 성이었기 때문이며, 그 성을 움직인 동력은 하울의 심장이 아니라 불타는 장작과도 같았던 소피의 뜨거운 심장이었다. 이제 소피가 자신의 뜨거운 심장을 되찾아오는 길은 그 성을 나와 자신의 목마에 올라타 스스로 회전하는 법을 배우는 과정에 있을 것이다.

소피는 자신의 마음 속 그림자를 보고 나서야 비로소 빛을 보았고, 그림자는 그 빛을 따라왔음을 알았다. 하울이라고 믿었던 마법사가 나르시시즘적 메커니즘에 속해 있는지를 처음부터 판단하는 것은 쉽지 않다. 빛으로 만들어지는 그림자처럼 결과적으로 나타나는 형태이기 때문이다.

누군가의 그림자를 받아들인다는 것은 진심의 무게가 있을 때라야 가능한 일이다. 소피가 하울의 그림자 속으로 들어가는 모험은 난파선처럼 너무나 위험천만한 일이었다. 타인의 그림자까지 사랑하고자 한다면, 그 무게를 진심으로 느끼는 사람만을 초대하기 바란다. 불청객처럼 들어온 나르시시스트는 혼란스런 감정을 만들고 자신의 필요를 채우다가, 상대가 결정적 관계를 요구하면 결국 방어기제라는 그물망을 치고 아무 죄책감 없이 혼자 빠져나가기 때문이다.

소피, 하울의 성을 움직인 것은 그가 아니라 너였어.
너의 뜨거운 심장이 장작이 되어
성을 움직였던 거야.
너의 목마에서 스스로 회전하는 법을 배워 봐.

6
인생의
회전목마를
타고
인생의
회전목마를
타고

아무 기대도 없이 매일매일 무의식 속에서 살던 소피가 황야의 마녀가 건 저주 때문에 노파로 변했고, 이 저주를 풀기 위해 길을 떠난다. 그 여정 속에서 마법에 걸린 인물들을 만나고, 세상에서 처음 보는 아름다운 호수도 보고, 전쟁의 참상도 알게 되고, 자기 내면의 그림자와도 마주한다. 만약 소피에게 아무 사건도 일어나지 않았다면, 그냥 평범한 일상의 날들만 연속되었다면 어떤 삶을 살았을까?

우리의 인생도 어쩌면 평범한 일상의 날들이 대부분일 것이다. 그렇다고 해서 평생 평범한 날들만 계속될 것인가. 어느 날은 사건, 사고들이 일어난다. 그리고 그 파괴된 일상을 되돌리기 위해 고군분투하는 과정에서 날카로운 현실을 마주하고는 슬퍼하거나 절망할지도 모른다. 지혜나 깨달음이라는 성찰의 단어로 이 파괴를 포장하고 싶지만, 삶에 대한 기만과 환멸은 극복되는 것이 아니라 고통스럽게 기억될 뿐이다. 내 감정이 무엇이든 세상은 무심하게 흘러가고, 환상은 끝나도 삶은 계속된다.

내 무의식의 교차로

여름이 끝날 무렵이었다. 머릿속이 복잡한 생각으로 터질 것 같은 것을 날씨 탓으로 돌렸다. 계곡물에 발을 담그면서 머리를 식히려는 순간 왜 머리가 아니고 발인가 하는 생각에 잠겼다. 발끝에서 전해지는 시원함이 머리로 올라가면 기혈이 순환되어 결국 머리가 맑아지는 효과 때문이리라. 또는 발은 현실이며 머리는 공상이라고 할 때, 공상이나 망상의 머릿속 생각을 발로 내딛고 현실을 느끼라는 표현이기도 하리라.

9월이 시작되면서 남도 답사 여행 일정을 잡게 되었다. 그런데 남도가 어디 그리 만만한 곳이던가. 교통편도 그렇고, 한 번도 가본 적 없는 낯선 지역으로 떠나려니 마음이 썩 내키지 않았다.

좁은 골방에서 조용히 모자만 만들며 세상과 동떨어져 살고 있던 소피처럼 나의 삶도 그랬다. 세상 번잡함을 뒤로 하고 골방에서 글밥만 짓던 평온한 날들이었다. 그 평온한 날에 느닷없이 황야의 마녀로부터 마법의 저주에 걸려 노파로 변한 소피가 노구의 몸을 이끌고 하울의 성을 향해 떠났듯이, 무의식 속에서 혼란스런 신호들을 잊기 위해 미지의 땅

끝마을로 떠났다.

남도의 풍경은 아름다웠다. 백운동정원, 다산초당을 본 후 하룻밤을 강진에서 보냈다. 다음날은 완도에서 1시간 동안 배를 타고 들어가야 하는 청산도 여정이었다. 영화 〈서편제〉의 촬영지로 유명해진 청산도는 봄이면 노란 유채꽃으로 환상의 풍경을 보여주는 곳이기도 하다. 아침 일찍부터 서둘러 무사히 배를 탔다. 모든 것이 완벽한 하루의 시작이었다. 잔잔한 파도, 빛나는 윤슬, 맑고 깨끗한 하늘. 이보다 아름다울 수 없는 풍경, 풍경들.

아름다운 풍경은 가끔 욕심을 부른다. 돌아갈 뱃시간에 여유가 생기자 일정에도 없는 장기미 해변이 갑자기 떠올랐다. 수십 미터의 수풀로 둘러싸인 오솔길을 한참 달려가 보니 순간 앞이 탁 트이면서 하늘과 바다가 시원하게 드러났다. 너무 비현실적 풍경에 넋을 잃었다. 바다에 떠 있는 섬들은 외롭게 보였지만 숭고해 보이기도 했다. 육지와 떨어져 언제라도 물속으로 잠길 것 같은 불안함을 안은 채 버티고 있었다. 그 풍경이 전해주는 감성에 푹 빠졌다.

이제 곧 가을이 올 거라 생각하니 차에서 곧바로 내려 저절로 바닷가로 향했다. 양말을 벗어 던지고 파도가 밀려오는 해변에 발을 담갔다. 아직은 시원하다. 푸른 바다에서 밀려오는 하얀 파도는 한 폭의 그림과도 같았다. 하얀 구름과 외로이 떠 있는 섬, 파란 바다와 하얀 파도, 그리고 하늘이 어우러져 아름다움이 극에 달한 곳. 이곳에 수억 년 전 공룡이 살았다고 하니 더 신비롭게 다가왔다.

이제 발을 옮겨 풍경을 사진으로 남기고 싶다. 발 밑은 파도에 깎여 둥글둥글해진 자갈들이 지천이다. 마치 공룡알처럼 크기가 무척 커서 이 해변을 공룡알 해변이라고도 부른다고 했다. 그 커다란 공룡알 자갈을 맨발로 밟았다. 정말 조심스럽게. 하지만 자

같은 이미 물 속에서 미끄러움을 내재하고 있었고, 발은 순식간에 미끄러졌다. 몸은 휘청이며 앞으로 향했다. 마침 앞쪽에는 내 몸체만한 바위가 버티어 주어 두 손바닥을 평평한 바위에 얹었다. 하지만 그대로 팔이 미끄러졌다. 어찌 손써볼 도리도 없이 두 팔이 바위를 타고 미끄려졌다. 찰싹거리며 파도가 몰려와서 부딪치는 바위 앞쪽 면도 물기를 머금고 있었던 것이다. 물기 먹은 바위에서 두 팔은 아무 저항도 할 수 없이 그대로 아래로 쓸려 내려갔다.

이럴 수가! 순간 왼쪽 어깨에서 팔이 떨어져 나가는 느낌이 들었다. 정말 아득함의 시간이 길게 드리워진 듯하더니 이내 말할 수 없는 통증에 그만 주저앉고 말았다. 평생 느껴본 적 없는 지독한 아픔이었다. 무너진다는 것이 이런 거였구나! 거울이 깨지는 아픔이 이런 것이었구나!

그후 해경의 도움으로 해경선을 타고 완도 병원

으로 이송되기까지 한 편의 휴먼 다큐멘터리가 펼쳐졌다. 그리고 어깨 탈골과 골절 진단을 받았다. 완도 병원에서 진통제를 맞은 후 KTX에 몸을 싣고 서울 병원에 도착하기까지 거의 10시간 만이었다. 토요일과 일요일 이틀 동안 진통제로 버티며 극심한 통증을 견디고서야 월요일 오전에 의사와 면담하고는 곧바로 수술에 들어갔다.

수술 후 한 달이 고비였다. 꼼짝도 못한 채 수십 편의 영화와 드라마를 보며 통증을 잊었다. 그중 〈하울의 움직이는 성〉을 보면서 내 무의식을 깨어 혼란스러웠던 신호들을 의식하게 되었다. 내 어깨 통증은 하울의 마법이 주는 화려한 환상보다 소피의 고통을 치유해주고 싶은 마음을 향해 나아갔다. 어깨뼈 조각들이 모아지면서 조금씩 어깨를 움직일 수 있게 되자, 기억의 조각들부터 모으기 시작했다. 그러나 파편화된 기억들은 서사의 힘을 찾으려는 나의 노력을 허망하게 무너뜨렸다.

0과 1이 중첩된 양자역학의 불확실성 속에서, 반응에 따라 그것은 측정되고 중첩되었다. 무의식이 의식하지 못하는 혼란스런 틈 속에서, 빛과 그림자는 중첩된 채 끊임없이 틈을 찾고 있었다. 그리고 관계가 결정되는 순간, 무의식의 중첩 상태에서 벗어나 마법이 풀리자 환상은 바람에 흩어졌고, 아름다운 정원이 사라진 그 폐허 위에서 소피처럼 무너진 하울의 성을 바라보며 홀로 서 있었다.

욕망으로 일렁이는 삶은 그 주변이 다 타버린 재와 같아서 온기를 느낄 수 없기에, 우리는 작은 위로라도 찾으며 살고 있는지도 모른다. 꽃 한 송이 피우기 위해서도 물과 불과 흙과 공기와 바람 등 온 우주의 에너지가 필요하듯이, 모든 일에는 정성이 들어가기에 순수한 정성은 우리를 감동시키기에 충분하다. 반대로 그 순수한 정성이 베이는 아픔은 마음에 깊은 흔적을 남긴다. 시간이 지난다고 휘발되는 것이 아니라 세상에서 가장 깊은 곳, 즉 마음의 심연에 새겨지는 것이다.

자신의 욕망을 위해 불의 악마 캘시퍼에게 심장을 내어준 하울의 선택은 마음을 잃고 살아가는 현대인들의 모습을 대변한다. 심장이 없는 하울은 세상에서 가장 깊은 곳, 가장 무거운 것, 그 마음을 가볍게 보지 말라는 인물로 소환되었다. 모든 마법의 환상은 기만과 환멸을 남긴다. 타인과의 관계에서 일정 정도 거리두기가 필요한 이유는 마음을 다치지 않게 하기 위함이며, 그것은 조종과 통제가 아니라 존중과 배려라는 페르소나를 필요로 한다.

인생의 회전목마는 돌아가고 결국 모든 것이 제자리로 돌아오듯, 다행히 무거운 어깨도 회복의 순환을 돌았다. 깨진 도자기 조각을 이어붙여 훼손된 순수성에 대한 복원을 보여주는 킨츠기의 가치처럼 탈골되고 골절된 어깨뼈 조각들은 이제 금빛으로 더 단단하게 이어졌다. 일상의 풍경을 다시 얻기까지, 환상의 세계를 해체한 시간은 소피로서의 모험이었다. 환상이 사라진 자리에서 진실이 깨어났을 때 마음은 중력처럼 무겁게 자리 잡았다.

미야자키 하야오는 말한다. '인생은 어둠 속에서 빛나는 작은 별빛'이라고. 내 무의식의 교차로를 가로지르는 여정에서 별빛을 찾았는가? 별빛은 외부에 있는 것이 아니라 내 마음 속에서 언제나 빛나고 있었으니, 그 별을 따라가면 된다. 소피와의 여정은 잊고 있었던 나를, 미처 몰랐던 나를 다시 찾게 한 시간이었다. 여름에서 겨울까지 그 시간을 다 보내고서야 거울 앞에 마주 설 수 있었다. 거울 속 소피는 나에게 말해주었다.

"안녕! 너를 기다렸어."

"안녕! 나도 너를 보고 싶었어."

◆ 지금 느끼는 감정을 한 단어로 표현해 보세요.

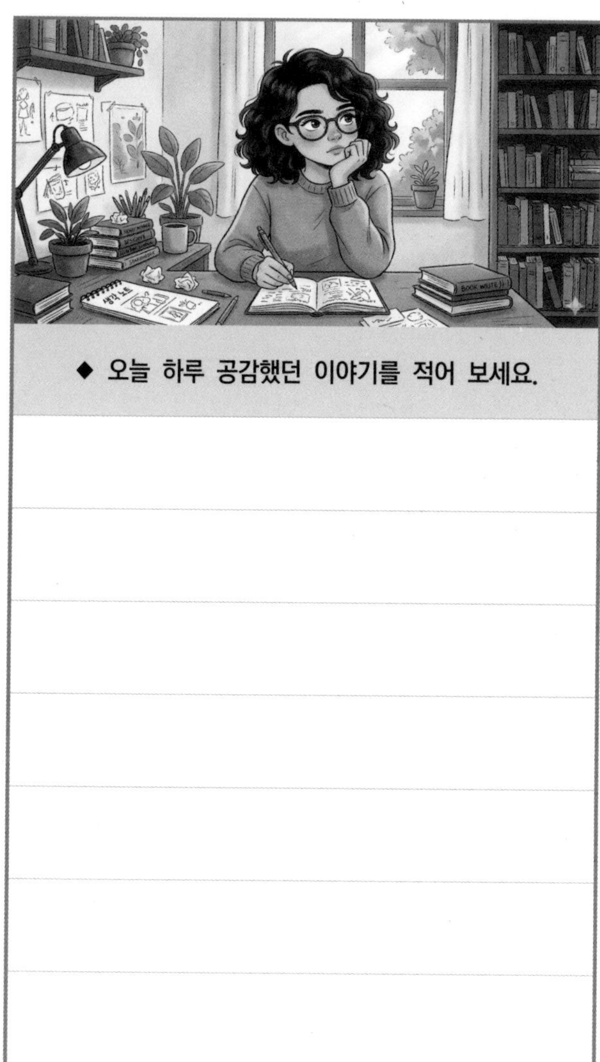

◆ 오늘 하루 공감했던 이야기를 적어 보세요.

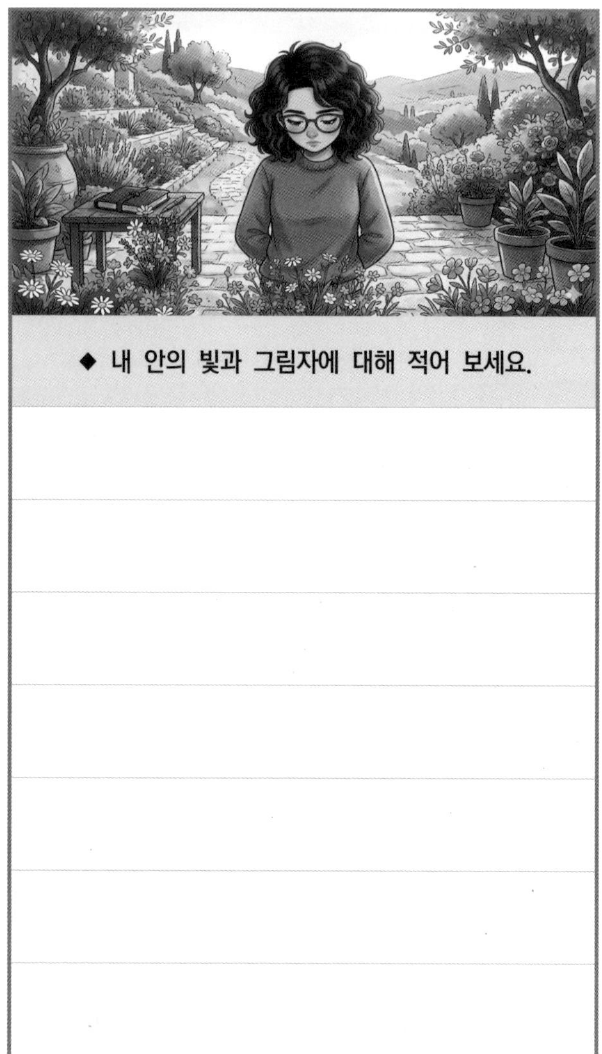

◆ 내 안의 빛과 그림자에 대해 적어 보세요.

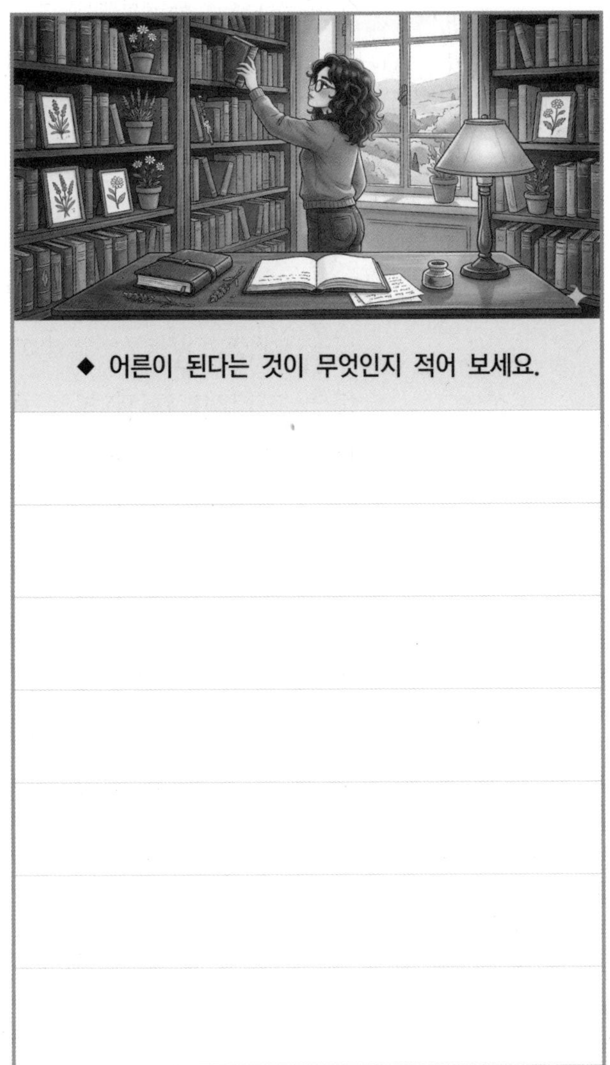

◆ 어른이 된다는 것이 무엇인지 적어 보세요.

◆ 내 인생에서 전환점이 된 이야기를 적어 보세요.

에코이스트 성향의 사람들을 위한 질문들

1. 오늘 누군가의 부탁을 들어줄 때, 진심으로 Yes였나요,
   아니면 거절하기 미안해서 한 Yes였나요?

2. 아무도 비난하지 않는다면 지금 당장 하고 싶은 일은?

3. 내가 타인에게 주는 배려의 절반만큼이라도 나 자신에게
   베풀어 본 적이 있나요?

4. 내가 힘들 때 내 이야기를 들어주고 공감해주는 사람은
   누구인가요?

5. 주변 사람들 중에서 '나의 착함'을 이용하는 사람이 있다고
   느껴지지는 않나요?

6. 나의 에너지를 소진시키는 상황에서 나를 구출하기 위해
   실천할 수 있는 작은 거절은 무엇일까요?

7. 상대방의 기분을 살피느라 정작 내가 하고 싶었던 말을 삼켰던
   최근의 기억은 언제인가요?

8. 내가 도움을 요청했을 때 상대방이 귀찮아할까 봐 포기하고
   있지는 않나요?

9. 타인의 인정을 받지 못해도, 나는 나 자체로 충분히 괜찮은
   사람이라는 것을 믿나요?

10. 내가 남의 감정 쓰레기통 역할을 자처하고 있지는 않나요?

나르시시스트 성향의 사람들에 대한 질문들

1. 남들에게 보여지는 나의 성과나 외모를 제외했을 때, 나는
   나 자신을 진심으로 좋아하나요?

2. 누군가 나를 비판할 때 그것이 타당한지 생각하기보다
   '나를 공격한다'고 먼저 느껴지지는 않나요?

3. 내가 느끼는 자부심은 나 자신에 대한 만족인가요, 아니면
   남보다 우월하다는 느낌에서 오는 안도감인가요?

4. 누군가와 대화할 때 그 사람의 감정을 이해하려고 노력한 적이
   있나요?

5. 나의 이익을 위해 주변 사람들의 시간이나 노력을 당연하게
   여기고 있지는 않나요?

6. 나보다 뛰어난 사람을 만났을 때 배울 점을 찾기보다
   시기하거나 깎아내리고 싶은 마음이 먼저 드나요?

7. 내가 모든 것을 통제할 수 없을 때 어떤 기분이 드나요?

8. 다른 사람의 조언을 '간섭'이 아닌 '도움'으로 받아들인 적이
   언제였나요?

9. 칭찬이나 주목을 받지 못하는 평범한 하루 속에서도 나는
   충분히 행복할 수 있나요?

10. 나의 잘못을 인정하고 진심으로 사과했을 때, 오히려 관계가
    더 단단해질 수 있다는 사실을 믿으시나요?

나르시시스트 자가 진단 테스트
- 예(2점), 약간(1점), 아니다(0점) -

1. 특별한 사람이라는 생각이 든다.

2. SNS 반응이 중요하다.

3. 무시를 견디기 힘들다.

4. 인정받기를 강하게 원한다.

5. 내 의견이 존중받지 않으면 불쾌하다.

6. 리더 역할을 선호한다.

7. 칭찬을 오래 기억한다.

8. 중심이 되면 뿌듯하다.

9. 실수를 감추려 한다.

10. 타인의 잘못은 쉽게 지적한다.

- 점수 해석 : 0-8점(건강한 자기애), 9-14점(경향 있음), 15점 이상(강한 성향)
- 출처 : Raskin, R. & Hall, C. S. (1979). Narcissistic Personality Inventory (NPI)

1. 영화를 보다가 주인공의 슬픔에 눈물을 흘리는 편인가요?	A. 네, 자주 그렇습니다.
	B. 가끔 그렇습니다.
	c. 아니요, 그렇지 않습니다.
2. 친구의 고민을 들을 때, 당신은 주로 어떤 반응을 보이는 편인가요?	A. 친구의 감정에 공감하며 함께 슬퍼하거나 기뻐합니다.
	B. 친구의 이야기를 잘 들어주고 조언을 해줍니다.
	c. 친구의 상황을 분석하고 해결책을 제시합니다.
3. 새로운 사람을 만났을 때, 당신은 그 사람의 겉모습보다는 내면을 더 중요하게 생각하나요?	A. 네, 자주 그렇습니다.
	B. 그렇지는 않습니다.
	c. 잘 모르겠습니다.
4. 타인의 고통을 직접적으로 느끼는 경험을 해 본 적이 있나요?	A. 네, 자주 그렇습니다.
	B. 가끔 그렇습니다.
	C. 아니요, 그렇지 않습니다.
5. 당신은 어떤 유형의 사람이라고 생각하나요?	A. 감수성이 풍부하고 타인의 감정에 잘 공감하는 편입니다.
	B. 논리적이고 이성적인 편입니다.
	C. 솔직하고 직설적인 편입니다.
6. 당신은 새로운 사람과의 만남을 어떻게 생각하나요?	A. 설레고 기대되는 일입니다.
	B, 낯설고 불편한 일입니다.

	C. 딱히 좋거나 나쁘지 않습니다.
7. 다른 사람의 감정 상태를 잘 읽어내는 편인가요?	A. 네, 그렇습니다.
	B. 그렇습니다.
	C. 잘 모르겠습니다.
8. 친구의 말실수를 들었을 때, 당신은 어떻게 반응하는 편인가요?	A. 친구의 마음을 헤아려 이해하려 노력합니다.
	B. 친구에게 솔직하게 말실수를 지적합니다.
	C. 쿨하게 넘어가는 편입니다.
9. 당신은 어떤 것을 가장 중요하게 생각하나요?	A. 타인과의 관계를 중요하게 생각합니다.
	B. 나의 목표를 달성하는 것을 중요하게 생각합니다.
	C. 솔직함과 정직함을 중요하게 생각합니다.
10. 당신은 스스로를 어떤 유형의 공감 능력을 가진 사람이라고 생각하나요?	A. 타인의 감정을 직접적으로 느끼는 공감자
	B. 타인의 감정을 이해하고 분석하는 공감자
	C. 타인의 감정을 통해 내면을 성찰하는 공감자
	D. 타인의 감정에 공감하지 않는 유형
	E. 다른 유형

● 타인의 고통을 직접적으로 느끼는지, 논리적인 분석을 통해 이해하려는지를 10가지 유형으로 테스트 하는 질문이다.